A Verdadeira Escola é a Vida

Horas de ensino dadas por Gabriele,
a profetisa e emissária de Deus
no nosso tempo

Volume 1

A palavra eterna,
o um Deus, o Espírito Livre,
fala por meio de Gabriele,
assim como por todos os profetas de Deus –
Abraão, Jó, Moisés, Elias, Isaías,
Jesus de Nazaré,
o Cristo de Deus

A
Verdadeira Escola
É a Vida

Horas de ensino dadas por Gabriele,
a profetisa e emissária de Deus
no nosso tempo

Volume 1

Casa Editorial
Gabriele

"A Verdadeira Escola é a Vida
Horas de ensino dadas por Gabriele,
a profetisa e emissária de Deus no nosso tempo
Volume 1"

1ª Edição Agosto de 2024

Max-Braun-Str. 2, 97828 Marktheidenfeld, Germany
www.gabriele-verlag.com
www.gabriele-publishing-house.com

Título original alemão:

„Die Wahre Schule ist das Leben
Lehrstunden gegeben von Gabriele,
die Prophetin und Botschafterin Gottes in unsere Zeit
Band 1"

A edição alemã é a obra de referência para todas
as questões sobre o significado do conteúdo.

Tradução autorizada por:
Gabriele-Verlag Das Wort GmbH

Pedido No. S552TBPTPOD

ISBN 978-3-96446-428-6

Índice

Prefácio

Quem pode compreender, que compreenda: Deus, o Eterno, fala conosco hoje por meio de Sua profetisa de ensino e emissária – e isto, por quase 50 anos. Ele se revela como em todos os tempos: a Sua palavra eterna de amor a Deus e ao próximo através de Seus profetas – de Abraão a Gabriele.

A partir do Reino de Deus, Deus-Pai, o Todo-Criador, falou e fala por meio dela; o Cristo de Deus, o Co-Regente do Reino de Deus, falou e fala por meio dela, e o Querubim da Sabedoria divina falou e fala por meio dela.

O Espírito Livre revela-se sobre todos os aspectos da vida: Ele nos dá uma visão da nossa pátria eterna, o Reino de Deus, e sobre a composição da nossa alma; explica o sentido e a finalidade de nossa vida na Terra. Ele ensina a verdade sobre a vida e os ensinamentos originais de Jesus de Nazaré, e dá a nós humanos o Caminho Interior, o caminho para a libertação das nossas almas de tudo o que nos separa de Deus.

Ouvir ou ler uma revelação do Reino de Deus por meio da profetisa de ensino de Deus, Gabriele, é para muitas pessoas uma experiência chave – e para a alma, muitas vezes o começo do caminho de volta à casa, à eterna pátria, da qual um dia partimos.

O que talvez poucas pessoas tenham vivenciado é Gabriele, sendo emissária de Deus, como uma irmã que vive as leis divinas como exemplo e as explica a nós a partir de sua consciência desenvolvida com as suas palavras – o amor a Deus e ao próximo vivido, para com as pessoas, a natureza e os animais.

Em centenas de horas de ensino, seminários e eventos públicos, Gabriele ensinou sobre todos os tópicos e áreas da vida. Ela nos dá a compreeder os ensinamentos do Cristo de Deus, com dicas práticas que podemos implementar passo a passo em nosso dia a dia. Nestes seminários e horas de ensino, os participantes puderam partilhar as suas perguntas e experiências, e disto resultou conversas com Gabriele, nas quais ela não só prestou ajuda após ajuda aos participantes, mas a todas as pessoas num amplo espectro, sempre realista e numa profundidade que toca a alma no seu mais íntimo.

As palavras de Gabriele são indicações para a verdadeira vida, dadas pela Sabedoria divina por amor a Deus e ao próximo, de todo o coração e com muita compreensão e paciência. Esta série de livros surgiu das muitas lições e conversas divino-espirituais com a profetisa de Deus, Gabriele, para todos que desejam aprender para as suas vidas – e para a Nova Era que já foi iniciada.

Algumas pessoas já estão sentindo que uma mudança está ocorrendo, de fato, deve ocorrer, pois: Apesar que o negativo ainda esteja atualmente agindo desenfreadamente – este mundo como está, com todos os seus excessos do ego no Estado, na economia, religião e sociedade, está sujeito à lei de causa e efeito e, portanto, está em declínio.

Aos poucos vai surgindo a Nova Era, a idade messiânica, sofiânica da paz, com pessoas que fazem da lei do amor a Deus e ao próximo a base de sua vida, sem religiões e sem administradores religiosos. São pessoas do Espírito Livre – Deus em nós e nós em Deus.

Gabriele-Verlag A Palavra

Do amor
veio portanto a sabedoria
e habita entre as pessoas
para que recebam o que Deus,
o Amor e Sabedoria,
tem a lhes dizer –
hoje na grande época
da libertação das gerações
de uma vida
em constrição e aflição.

(Da revelação de Cristo
"Esta é a Minha Palavra. Alfa und Omega")

Deus pode ser encontrado

De uma hora de ensino com Gabriele em 9 de março de 1997

Muitos dizem: "Eu sou uma pessoa que busca a Deus – onde está Deus?"

Buscar a Deus significa buscar a Deus dentro de nós, porque cada ser humano é o templo de Deus e Deus habita em nós. Também está escrito: "Buscai e encontrareis". Os verdadeiros buscadores de Deus são também aqueles buscados por Deus. Isto significa: Quem realmente busca a Deus se esforça para reconhecer aos poucos o que Deus deseja.

O que Deus deseja de Seus filhos? Ele quer que Seus filhos guardem Seus mandamentos passo a passo. Quem reconhece um pequeno mandamento de Deus e tenta dar o passo, ou seja, cumprindo esse mandamento, então Deus dará vários passos em sua direção.

Nós, humanos, temos o hábito de procurar a Deus em algum lugar – mas Ele está sempre conosco, Ele está sempre em nós.

Quem realmente busca a Deus, O encontrará. Se estamos procurando por Deus, devemos entrar em nosso ser interior e estar cientes: Deus está em nós, e Deus pode ser encontrado a cada passo que damos em direção a Deus em nós, cumprindo o menor mandamento, por exemplo, fazer as pazes com o nosso próximo e manter a paz. Então sentimos a Sua proximidade, pois nos tornamos mais pacíficos, perspicazes, compreensivos, mais calmos. Esta é a proximidade de Deus; com isso Ele já deu alguns passos em nossa direção.

O Reino de Deus está dentro de nós, e cada um de nós tem a chave para o reino interior - é Cristo, é o poder redentor em nós e, finalmente, também os ensinamentos do Sermão da Montanha. Se cumprirmos uma partícula - enfatizo conscientemente: "partícula" - do Sermão da Montanha, então ganhamos a chave: Cristo em nós. Com esta chave abrimos gradualmente o reino interior, o Reino de Deus, e encontramos a entrada. Então reconheceremos que Deus é amor. Reconheceremos que Deus nos ama, a cada um, até ao maior pecador. Ele nos ama. Sentiremos então também: Deus é o silêncio –

pois ficamos mais calmos, tendo feito as pazes com o próximo e somos mais compreensivos.

É assim que aquele que busca a Deus experimenta a Deus. Ele nunca conhecerá Deus completamente, porque Deus é todo-abrangente e poderoso: Ele está em todas as forças do SER, nos reinos da natureza, no átomo, Deus está em toda parte – mas podemos reconhecê-Lo nos menores passos que damos em direção a Deus em nós.

Como já mencionado, os menores passos são partículas das legitimidades. Se as cumprirmos, não apenas nos propondo a fazer o que Deus quer, mas também cumprindo essas partículas, essas pequenas legitimidades dia após dia, então crescemos e amadurecemos para dentro de nós e, com a ajuda de nosso Redentor Cristo, abriremos o reino interior. Então sentimos que de repente podemos dar passos maiores. Cumprimos cada vez mais os Seus Mandamentos e nos sentimos incluídos num amor infinito que nos é permitido sentir, mas que nunca podemos conhecer por completo enquanto somos humanos. Podemos reconhecê-lo e senti-lo, e isso deveria ser uma ajuda e uma orientação para nós.

Quem acredita que Deus existe, se compromete, por assim dizer, a trilhar o caminho ao seu interior. Tal pessoa não complica mais a sua vida com muitas teorias e frases sobre como ele encontrou a Deus, quais as possibilidades ele esgotou, como cumpriu as legitimidades de Deus – ele o faz porque sente a proximidade de Deus, a ajuda do Cristo de Deus. E ele sabe: O menor passo leva a um grande passo, a Deus. E ele sente: Um pequeno passo dado – e Deus vem vários passos em sua direção.

Não vejamos a Deus como algo distante de nós, que nos pune, que nos castiga. Nós, humanos, nos punimos e castigamos a nós mesmos por meio de nossos pecados, que são causas que voltam para nós como efeitos. Mas Deus nos ama, Ele ama o maior pecador.

Se ouvirmos um pouco mais a nossa consciência quando quisermos pecar, sentiremos como o amor, Deus, bate à porta interior – é a nossa consciência que nos diz: "Pense diferente, não pense assim contra o seu próximo! Não fale assim contra o seu próximo! Pense diferente – Deus está no seu próximo, assim como Ele está em você. Pense diferente e comece a entender o seu próximo. Pense diferente, perdoe-o pelo que lhe fez e peça perdão ao seu próximo também. Faça isso!" – Essa é a boa e terna consciência; são impulsos do íntimo, do Reino de Deus. É o divino em nós que sempre nos adverte, mas nunca nos obriga a fazer nada ou mesmo nos pressiona a fazer qualquer coisa. Ele nos fala, e quando damos a volta e fazemos as pazes com o nosso próximo, notamos como a nossa consciência se expande e Deus se aproxima de nós. "Buscai e encontrareis!" Deus se deixa encontrar, não no exterior, não aqui e ali, não em igrejas suntuosas, mas simplesmente dentro de nós mesmos.

E quando estamos inquietos, estressados – a natureza nos mostra a calma, nela há crescimento; é Deus novamente. A natureza quer nos ajudar para que também nós floresçamos em Deus, amadureçamos por meio de Deus, para voltarmos ao Reino de Deus quando for o último dia desta existência terrena. Que o último dia de nossa existência terrena seja o primeiro dia no Reino de Deus!

É o grande amor de Deus e Sua poderosa humildade que Ele responde a todos os Seus filhos.

Mesmo que o filho dê apenas o menor passo – Ele responde ao Seu filho, porque Ele o ama e quer que ele esteja completamente com Ele novamente.

Sabemos que a nossa vida está cheia de tempestades e ondas, um sobe e desce, mas se não permitirmos os muitos aspectos demasiado humanos, o pecaminoso, e recorrermos a Deus no pedido de socorro e ajuda, então nos tornaremos mais tranquilos. Essa tempestade, essa onda da vida, diminui gradualmente e nós experimentamos o que significa tranquilidade.

A tranquilidade significa: que podemos pensar sobre algo, sobre aquilo que nos preocupa, para sondar porque isto ou aquilo nos consome tanto e se é a vontade de Deus. Já apenas quando temos um pouco de paz para pensar se o que pensamos e fazemos é a vontade de Deus, então já notamos a ajuda em nossos corações. Vem um sopro de reconhecimento: "Ó Deus, ajuda-me!" – uma trilha para sondar profundamente os nossos pensamentos, a nossa vontade, e encontraremos o que tanto nos move. Se o purificarmos com a ajuda de nosso Redentor, então sentimos o que significa a tranquilidade.

A tranquilidade também significa estar equilibrado, porque pesamos o que nos move com o consciente, para então purificá-lo. Assim, ou o tiramos do subconsciente para dissolvê-lo com a ajuda do Cristo de Deus para transformá-lo, por assim dizer, ou não permitimos que venha ao consciente aquilo que o subconsciente quer. Se fizermos isso, a nossa consciência se expande; ficamos mais calmos, nos voltamos para o interior.

Deus é o silêncio. Antes do silêncio vem a tranquilidade – ficar mais tranquilo para entrar no silêncio. Isso só dá certo se olharmos dentro das ondas de nossas vidas para purificar isso e aquilo, para que a tempestade de pecados diminua.

A pessoa que realmente busca a Deus persiste em encontrar a Deus! Mesmo nas altas ondas do demasiado humano, quando ela quer desistir, alguém se aproxima dela e Deus olha para ela através dos olhos deste alguém e diz: "Não desista, persevere, você Me encontrará!" – e quem persevera, vence.

Nós humanos complicamos demais a nossa vida terrena porque o pecado é simplesmente complicado. Quanto maior o nosso potencial de pecados, mais complicados somos. Mas em algum momento temos que dar o primeiro passo e dizer: "Se eu acredito que existe um Deus, então eu tenho que começar!" Normalmente então queremos dar um grande passo e falhamos.

Caros semelhantes, o menor passo é recompensado por Deus! E é justamente o menor passo que é decisivo para dar passos maiores. Vamos pensar em uma criança – até que ela consiga se sentar, até que fique de pé. Um pequeno passo e ela sente a alegria, ela também sente a recompensa dos pais; os pais se alegram. E quão mais feliz Deus, nosso Pai Eterno, se alegra com o nosso menor passo?

Deus deu a Seus filhos o livre arbítrio absoluto. O livre arbítrio é a lei no grande amor de Deus. Deus deu a Seus filhos o puro, o infinito como herança. E os seres puros vivem na herança, cumprem a herança de Deus: cumprem a lei do amor, da liberdade, da unidade, da comunhão. Deus é o espírito da evolução. Ele cria mais e mais mundos a partir de si mesmo, sóis espirituais, seres espirituais, mas todos eles estão integrados na grande herança. Cada um tem a mesma quantidade, ou seja, o todo.

Claro, o Espírito Livre, Deus, também nos deu liberdade, porque nós também éramos seres puros no SER eterno. Seres livres em Deus. E a liberdade em Deus faz com que todo ser espiritual no SER eterno seja criativo em Deus ao sentir e também agir segundo as leis da vida interior, segundo as leis do espírito de Deus. Nós, humanos, somos filhos de Deus, ainda que carreguemos o pecado ao nosso redor – é o "manto", é o ser humano que se criou através do pensar errado, ou seja, do intelecto, do pensamento errado contra Deus.

Deus nunca nos tirará a nossa liberdade. Ele não vai simplesmente tirar o negativo, o demasiado humano, ou acabar com isso, senão que nós mesmos devemos reconhecê-lo por meio da lei da liberdade. E quem o reconhece dá a volta e procura aproximar-se de Deus – e ele também irá se aproximar de Deus. E assim como ele se aproxima de Deus, ele jamais irá afirmar ou permitir o que está acontecendo no mundo.

Não importa o quão caótico esteja este mundo: Cristo é o vencedor, mas não pela força, não pela luta, mas dirigindo-se a cada um – Cristo em nós – batendo à porta do indivíduo e dizendo: "Deixe que hoje seja o seu primeiro dia em Mim! Não faça mais o que você reconheceu como pecaminoso. Arrependa-se e purifique-o e cumpra os mandamentos passo a passo, então você saberá quem você é em última análise: um filho de Deus com o sentimento sutil da alma, através da qual Deus então fala ao ser humano e age através do ser humano".

O que é a verdadeira felicidade?

De uma hora de ensino com Gabriele no dia 20 de janeiro de 2008

Muitas pessoas dizem: "Eu faço e deixo de fazer algo como eu quero, e com isso sou livre". – Se fosse assim, todos que dissessem isso teriam que ser felizes. Mas por que pouquíssimas pessoas são felizes, e certamente não aquelas que dizem: "Eu sou livre e faço e deixo de fazer como eu quero"?

De onde vem a infelicidade em nossa sociedade? De onde vem a decepção e o apego a pessoas, dinheiro e bens? É só como resultado de que nós humanos não aproveitamos os dias e sempre cobiçamos por mais. O vício do ego vai aumentando e dando cambalhotas, porque se ouve no rádio e na televisão:

A distância entre ricos e pobres está aumentando. Mas os ricos também não estão felizes. Por quê? Porque raramente uma pessoa – seja rica ou pobre ou da classe média, como dizemos – usa os dias. Muitas pessoas, na verdade a maioria, vivem alheias ao dia, fazendo planos para o futuro e trabalhando para ter isto ou aquilo no futuro, subindo a escada do sucesso no futuro, saboreando os chamados estímulos da vida no futuro, e muito mais. Isso significa que o dia não é aproveitado.

Aquilo que pensamos nos dias que não utilizamos, volta novamente; as entradas que fizemos naquele dia voltam. Nem sabemos que entradas gravamos porque estamos constantemente trabalhando para o futuro. Com isso, nem mesmo sentimos ou percebemos quem nós somos. Queremos algo que talvez nem esteja em nossos genes. Queremos assumir uma determinada profissão, subir na escada do sucesso. Mas talvez isso não esteja em nosso material genético, talvez a alma não o tenha trazido consigo. Mas ansiamos por isso e esquecemos que também vivemos hoje, neste dia, e que este dia é o nosso dia, que nos quer refletir diversas coisas.

O dia entra em nossos pensamentos, em nosso mundo de ideias, em nossos desejos e em nossas paixões. Para onde vão os desejos? Eles geralmente vão ao nosso próximo. Isso significa que temos expectativas de nossos semelhantes, por exemplo, que certas pessoas contribuam, façam por nós o que nós esperamos. Se não o fizerem, não apenas ficamos desapontados, como também os desvalorizamos, os julgamos, os insultamos. Todos esses pensamentos, todas essas inclinações feias moldam os nossos dias vindouros.

O dia de decepção de hoje passa para os próximos dias. E tudo que sentimos, pensamos, falamos e fazemos hoje voltará para nós outro dia. Assim, muitas vezes nós mesmos somos os freios do nosso futuro – freamos hoje o que poderíamos desejar para amanhã.

Através de nossas expectativas criamos dependências. Em última análise, dependemos de nosso próximo que deveria fazer algo por nós ou até mesmo o faz. Nós, por nossa vez, assumimos o compromisso com essa pessoa de fazer algo por ela para que ela faça por nós o que queremos. Nós dizemos a ela belas palavras, fazemos um gesto com flores ou um pequeno presente – mas com segundas intensões de que ela continuará a fazer isto ou aquilo por nós. Se ela não o fizer, ficaremos desapontados novamente. E essa decepção se traduz em hostilidade, chegando até a brigas.

Com isto estou me referindo a casamento e relações afetivas. Esses vínculos são formados especialmente no casamento e relações afetivas. Esperamos que nosso parceiro faça isso ou aquilo por nós. Esperamos que nosso parceiro nos elogie, nos ache bonita como mulher e muito mais. Se nosso parceiro não se comportar dessa maneira porque está tendo outros pensamentos ou porque tem preocupações de trabalho ou de negócios, então já ficamos desapontados. Essa decepção funciona, por sua vez, contra o parceiro. Outra vez acontece algo semelhante: o parceiro de quem esperamos algo não o faz. Surgem dúvidas, palavras feias são ditas, surgem discussões e até mesmo hostilidades no casamento e na relações afetivas. Aquele que está desapontado diz para si mesmo: "Vou me vingar dele! Uma vez que ele quiser alguma coisa, não farei nada por ele." É assim que se desenvolvem os vínculos mútuos, a desconfiança e a hostilidade. A desconfiança e a hostilidade podem levar a discussões, até ao ódio e depois à separação.

É bem diferente quando pedimos algo ao nosso próximo: "Você poderia fazer isso por mim?" No entanto, só devemos pedir se não pudermos fazer nós mesmos o que estamos pedindo, independentemente do motivo. Se o parceiro atende ao nosso pedido, sentimos que ele veio ao nosso encontro. Podemos então também agradecer, e uma conexão é criada.

Pedir significa, portanto, não exigir, mas pedir, porque no momento não somos capazes de fazer algo sozinhos. Daí resulta um "obrigado" e uma certa alegria, que se traduz em confiança.

Em todo vínculo há dúvidas sobre o outro, principalmente no casamento e nas parcerias. Mas na confiança há uma comunhão e ligação. As igrejas dizem que a paz deve vir do casamento. Bem, e como? Só prestando atenção ao que Jesus de Nazaré disse: *"O que você quer que os outros façam a você, o faça primeiro a eles!"* Em outras palavras: "O que você não quer que façam a você, não o faça aos outros!"

Se exigirmos do outro o que poderíamos fazer nós mesmos, e o próximo não o fizer por nós, então surge a discórdia. É assim no casamento, é assim na relação com o outro na vida cotidiana, no trabalho, na sociedade, com os amigos – em todos os lugares. Mas se não podemos cumprir algo porque não podemos fazê-lo no momento e pedimos ao próximo que o faça, então isso é algo completamente diferente, e isso leva à amizade, à paz, à ligação. Todo o restante é imposto, todo o restante leva à dependência, à briga, à infelicidade, à falta de paz.

Pensemos também no desejo de reconhecimento. O que isso significa? Nós esperamos. E nós nos vinculamos àquele que nos elogia; sempre queremos mais dele. Por que não podemos refletir sobre nós mesmos? Nós abrimos mão de nossas qualidades mentais e físicas, apegando-nos constantemente aos outros, esperando algo deles.

Felicidade significa que não apenas somos fiéis a nós mesmos, a nós como seres humanos, mas também ao que Jesus de Nazaré nos ensinou, porque Jesus, o Cristo, nos ensinou a independência que liberta.

De onde vem muitas vezes a falta de liberdade? – Porque muitos estão insatisfeitos consigo mesmos.

O que cria o vínculo com o outro? Esperando dele o que não temos. Precisamos de reconhecimento, precisamos de elogios, precisamos da palavra "mérito" dos outros. Se não conseguimos, então nos sentimos infelizes, nos sentimos inferiores, então ficamos mal-humorados, enfim: totalmente insatisfeitos ao ponto da frustração. – Por que? Porque sempre esperamos dos outros que nos valorizem.

Enquanto fizermos isso nunca seremos livres. Hoje mais do que nunca, estou convencida de que a liberdade só se desenvolve a partir de nós mesmos, de cada indivíduo. Cada um deve dar uma boa olhada em si mesmo e também se olhar no espelho. Se você quer ser livre, deve analisar os seus pensamentos, os seus sentimentos, seus desejos, suas paixões com a pergunta: "Eles se combinam comigo? Ou estou apenas esperando algo com isso?" Já se uma pessoa se veste para os outros, então ela se disfarça. Então ela não se veste de acordo com sua mentalidade, não de acordo com sua natureza – ela se disfarça para agradar aos outros. Aqui temos o vício de querer agradar ao outro. Se o desejo de agradar ao outro não for recíproco, a pessoa fica totalmente arrasada. E assim vivenciamos o disfarce, que por vezes parece como uma performance teatral. As pessoas se vestem de maneira diferente, as pessoas se comportam de maneira diferente para receber elogios, reconhecimento e apreciação.

Se não fizermos isso, mas voltarmos ao básico e nos certificarmos de que estamos mais ou menos satisfeitos conosco mesmos, então a nossa consciência se ampliará e também nos tornaremos mais generosos com o próximo. O pré-requisito é, claro, que usemos os dias e olhemos para a nossa situação de vida, que não construamos egoísmo nos desejos, nas paixões pelo futuro – por exemplo, dinheiro, bens e muito mais. Se fizermos isso, não viveremos e não iremos utilizar os nossos dias, mas ansiamos pelo futuro – e o futuro certamente não nos trará o que desejamos. Porque o que introduzimos anteriormente virá para nós no futuro.

E se um homem pobre algum dia ficar rico, surge a questão de saber se ele é feliz com a riqueza que desejou desde a juventude. Talvez por um curto período de tempo, e então ele fica infeliz novamente. – Por que? Porque os dias que não utilizou chegam a ele como um homem rico e o tornam infeliz. Então ele pode dizer: "Eu não aproveitei a minha juventude, não usei toda a minha vida, de que serve a riqueza para mim?" Essa é a espiral descendente.

O ciclo da vida ascendente deve sempre começar por nós mesmos. A insatisfação está em nós mesmos – queremos algo do próximo. Por que não podemos simplesmente nos contentar com o que somos agora, como a vida nos fez? O que temos, o que fizemos da nossa vida, com o que nos contentamos, isso nos faz felizes. Mas ansiar que os outros nos façam felizes sempre leva para baixo.

Isso significa que temos que encontrar a nós mesmo, primeiro a nós mesmos como pessoa, e além disso, os nossos valores interiores. Ambos, o ser humano e os valores interiores, formam o caráter que nos torna livres, porque não desvalorizamos mais os outros, porque não esperamos nada dos outros, porque crescemos para fora de nós mesmos, a partir do nosso interior – e não devemos ter vergonha quando pedimos para obter ajuda porque não podemos fazer isso ou aquilo no momento.

Podemos ser honestos um com o outro porque aquele que é livre não espera nada do outro – e por isso também é honesto. Ele também pode admitir honestamente suas fraquezas e dizer: "Aqui estão as minhas fraquezas." Porem ele não exige que os outros cubram suas fraquezas com elogios e muito mais.

Aproveitar cada dia da melhor forma significa ter a nossa evolução como meta, criando bem uma perspectiva do futuro, mas não almejando sua realização avidamente, porém esforçando-se por ela passo a passo todos os dias. Aproveitar o dia da melhor forma também significa fazer o melhor para nós, encontrando a nós mesmos.

Viemos do reino eterno, do Reino de Deus, e estamos encarnados. É por isso que Jesus, o Cristo, veio a nós e nos trouxe as leis da vida do Reino de Deus. Nós as lemos no Sermão da Montanha, bem como nos Dez Mandamentos que Deus deu por meio de Moisés.

"O que queres que lhe façam, faça primeiro a eles", ou seja: "O que não queres que lhe façam, não faça também aos outros" – estas frases são palavras de sabedoria que levam à qualidade de vida e fazem com que vivamos junto com os nossos semelhantes. Seja na família, seja na relação afetiva, seja no trabalho, no círculo de amigos, onde quer que estejamos – temos que aprender a descobrir quem somos.

E se estamos insatisfeitos, então na verdade devemos nos questionar: "Com o que estou insatisfeito?" O "Com o que estou insatisfeito" já contém novamente: faça o melhor da situação!

"Estou insatisfeito comigo mesmo" – sim, com o quê? Faça o melhor da situação! Cada dia é uma ajuda para tirar o melhor proveito de cada dia e, finalmente, o melhor para nós também. E assim, gradualmente encontramos o nosso caminho para sair do emaranhado de apegos, expectativas, insatisfação, dependência, hostilidade, decepção e muito mais. A cada dia faça o melhor de si, da sua vida. Não importa onde você esteja, pratique e lembre-se sempre das palavras de Jesus de Nazaré: *"O que você quer que os outros façam a você, o faça isso primeiro."* Não esperamos nada dos outros – esperamos tudo de nós mesmos!

Se somos livres, enraizados no ensinamento de Jesus, o Cristo, então nunca passaremos necessidades – com certeza. Não teremos riquezas exuberantes, nem buscaremos poder e prestígio – somos despretensiosos. E na despretenção que está enraizada em nós mesmos está a liberdade – e a liberdade nos torna felizes.

Tenho uma receita muito simples: fico sempre feliz quando posso fazer alguém feliz. A felicidade significa não estar apegado ao próximo. Fazer o outro feliz com bons pensamentos, com algumas palavras honestas e familiares, com a ajuda adequada – assim como posso ajudar, na oração que também eu mesmo realizo. Então, esses pensamentos também alcançarão as pessoas que estão abertas a eles, e eu os deixei um pouco felizes com isso. Isso me traz a maior felicidade.

O Deus que fala

De uma hora de ensino com Gabriele
no dia 29 de maio de 2009

Deus, o Eterno, é o espírito que se revela eternamente. Deus fala incansavelmente em todos os nossos corações a cada instante. Deus, nosso Pai, nos ensinou em Seus mandamentos: *"Não deves ter outros deuses além de Mim."* Nós, humanos, nos apropriamos de tantos "deuses" que nos distanciamos do Todo-Um, o Deus Eterno, o Deus que fala, que é o nosso Pai.

Nossos deuses se chamam: desdenho, engrandecimento, comportamento egocêntrico com o "meu" e "para mim". Para muitos, o próximo é um estranho, mesmo que no fundo da alma é seu irmão, sua irmã do Reino de Deus. Ganância, inveja, ressentimento, hostilidade, inimizade, comportamento guerreiro contra o próximo em pensamentos e palavras são alguns desses "ídolos" alheios a Deus. Para muitos de nós eles são os "deuses" que adoramos, aos quais nos subjugamos e eles nos persuadem a nos entregar cada vez mais a eles. Eles falam e falam e nos levam à sombra da existência, de modo que dificilmente podemos reconhecer que o Deus que fala é onipresente e que Ele fala em nós. Em cada árvore, em cada planta, em cada arbusto, em cada pequeno animal – Ele fala nos poderosos astros do universo.

Deus, a lei universal, atua em tudo, também no âmbito da matéria. Percebemos que o Deus que fala é o espírito do amor, o espírito da onipresença, o espírito de nosso Pai eterno que fala eternamente.

Nós, seres humanos, muitas vezes precisamos de uma imagem para compreender que quando nos afastamos de Deus não ouvimos mais a Deus, o nosso Pai eterno, e a Cristo, o nosso Redentor. Nos expomos à sombra dos "deuses".

Como é quando o nosso continente se afasta do sol? Então escurece para nós – mas o sol brilha o tempo todo! É semelhante em nossa existência sombria. Deus, a luz eterna, brilha onipresente e brilha em nós. E cada raio de amor divino é a palavra de amor para nós. No entanto, se levamos uma existência sombria – como podemos receber o sol, a luz, o amor, a palavra do Eterno?

Se um continente ficasse sem a luz do sol por um longo, longo tempo, sem os raios quentes do sol, então haveria bolor no continente; a vegetação não poderia mais existir. Cada flor murcharia, cada arbusto deixaria cair as suas folhas. Nenhuma árvore poderia dar mais frutos. É a escuridão.

Isto é muito semelhante à situação do corpo de muitas pessoas. A alma escureceu porque o ser humano se afastou de Deus. Na alma está a fonte de luz, a palavra de Deus, o Espírito que fala eternamente. Mas as células do nosso corpo vegetam. Reclamamos de doenças, miséria, sofrimento e do nosso destino. Ficamos no escuro, afastados da luz de Deus. A escuridão está tomando conta. É semelhante a quando um continente não se volta mais para o sol.

Não importa a língua que nós, humanos, falamos – Deus não tem a língua dos humanos, mas Ele irradia para dentro dos nossos pensamentos, para dentro das nossas palavras e quer nos dizer algo. O que?

A primeira coisa que Ele pode nos dizer é: "Eu sou o seu Senhor e Deus. Você não deve ter nenhum deus além de Mim."

E a segunda que Ele poderia nos dizer: "Veja, Eu dei a vocês os Dez Mandamentos através de Moisés – viva de acordo com eles."

E a terceira coisa que Ele gostaria de nos dizer: "Oh, veja, Meu filho, você não está abandonado! Eu lhe enviei Meu Filho à Terra, o Co-Regente dos céus. Jesus de Nazaré, o Cristo de Deus, tornou-se o seu Redentor. Ele é o poder e a luz de Mim e em Mim. Ele está em Mim e Eu n'Ele. É o espírito do Cristo de Deus. Ele fala em você, em cada um de vocês. Preste atenção aos ensinamentos do Meu Filho", assim diria o Senhor a nós, "E você se voltará para o Deus que fala, o Cristo de Deus, e receberá a luz, a palavra, a ajuda, o amor, o calor, a segurança e a proteção."

Muitos dizem ser Cristãos Originais. E muitos dos Cristãos Originais, mas também tantos outros – sejam eles cristãos, muçulmanos, hindus, ou ateus – podem sentir a palavra de amor, o Deus que fala, que nos mostra, por exemplo, que devemos guardar os mandamentos hoje e agora.

Cada um de nós recebeu os ensinamentos de Cristo nos quais Ele nos mostra repetidas vezes, também hoje e agora, por meio da nossa consciência que devemos desenvolver remorso pelos pecados dos quais tomamos conhecimento, purifica-los e não cometê-los mais. Sentimos isso nos movimentos sutis do nosso coração.

Todos esses são impulsos de amor, é o Deus que fala. Ele deseja que desta forma voltemos a entrar em harmonia com Ele e com o nosso ser mais íntimo e eterno que vem d'Ele. Ele quer que estejamos intimamente conectados, que sejamos um com nós mesmos e com Ele.

De repente, notamos uma bela flor, uma rosa, um cravo, um narciso – seu perfume é a palavra de amor; é a fragrância do lar; é o Deus que fala, que nos mostra que há vida em tudo. A vida é comunicação e a comunicação é a linguagem do amor.

Porque quando a linguagem do amor surge em nosso coração, as nossas orações ganham vitalidade e veracidade. Já não são meras palavras, mas os sentimentos imediatos do coração para o grande Espírito que está tão perto de cada um de nós. Então, realmente não estamos mais sozinhos e a sós. Então sentimos o calor e a bondade de Deus em nós, Seu conforto e cuidado.

Todas as pessoas, independentemente de suas crenças, estão encaixadas em um grande amor, na luz. Mas muitas vezes não queremos perceber isso. Por que não? Porque ainda não compreendemos que há mais do que a nossa vida terrena nos apresenta.

Por quanto tempo queremos amar as sombras ou aceitar a sua presença? Por quanto tempo mais queremos lidar com os nossos "deuses"? Então nos sentimos como estranhos. Por que? Porque os deuses são ídolos alheios a Deus. Nós mesmos os criamos e devemos dissolvê-los. Então nos voltamos cada vez mais para a luz como o continente para o sol. Então o alvorecer desperta em nós – amanhece, a luz se acende e sentimos: Deus está presente ... a cada instante.

Essa foi uma mensagem do coração que foi dita a todos nós: sejam os Cristãos Originais, Cristãos, muçulmanos, hindus, budistas ou ateus. Porque todos, todos portam o Deus que fala dentro de si.

Quão bela é a natureza! Vamos pensar em nossas caminhadas. Estamos caminhando pela natureza com os nossos deuses? – Ou andamos pela mão do Cristo de Deus que quer despertar cada vez mais em nossos corações o sutil sentimento interior de que o Cristo de Deus é o Deus que fala?

Vamos nos dirigir a Cristo em nós. Ele jamais se fecha a nós, senão que vem ao nosso encontro. Pois está escrito: *"Pedi e ser-vos-á dado; procure, então você encontrará; bata à porta, e ela se abrirá. Pois quem pede, recebe; aquele que busca, encontra; e quem bater à porta, lhe será aberta."*

Vamos vivenciar a Cristo em nós! Então, também experimentamos Deus, o nosso Pai, como a força do Criador a cada passo que damos. Especialmente quando estamos dando um passeio relaxante, quando nos abrimos para Ele, podemos sentir e entender que: Deus está presente.

Isto é o que desejamos a todos nós: sentir a força presente. Somente então nos sentimos acolhidos no

Amor, na plenitude do Espírito, no Deus que fala. E percebemos: não estamos sozinhos. Deus, nosso Pai, está presente em nós e Cristo, o nosso Redentor, opera no espírito do Pai. Estamos seguros, envoltos em uma poderosa luz. Este é o momento da onipresença de Deus.

E captá-lo e vivenciá-lo nas várias situações do nosso cotidiano nos dá sentido e conteúdo à nossa vida. Isto abre-nos uma dimensão da vida que antes parecia estar fechada.

Mantenha a calma interior em todas as situações

Extraído de uma hora de ensino com Gabriele no dia 26 de novembro de 1995

Deus é um Deus próximo. Muitos de nós ainda estamos influenciados pela ideia de um Deus distante. Muitos de nós acreditamos que temos de orar para dentro dos céus para alcançar a Deus em algum momento. Porém Deus é accessível somente em nós. Só quando nós temos alcançado Ele em nós, estabelecemos comunicação com todas as coisas, pois Deus está em todas as formas de vida.

"Manter a calma interior em cada situação" também significa de nos conscientizar de que Deus está muito perto de cada um de nós.

Mantenhamos esta consciência no nosso coração: Deus está muito perto de nós, Deus é o nosso interlocutor; Deus, o amor, Deus, o nosso Pai, o espírito de amor em nós, nos conhece; Ele sabe dos nossos prós e contras. Guardemos nos nossos corações que podemos falar com Ele, guardemos nos nossos corações que Ele nos ama e nunca nos castiga, que todo o negativo que vem a nós – golpes do destino, preocupações e coisas parecidas – são as nossas próprias entradas, entradas de ódio, de inveja, de destruição.

Todavia, Deus não tem na Sua lei nem ódio nem inveja ou destruição. Deus é sempre igual, o amor que ajuda e doa inalteravelmente; Ele é o Pai com o qual se pode falar. Mesmo que dizemos: "Não o podemos ouvir", temos de admitir: Queremos O ouvir, assim como nós o queremos. Mas Deus se revela a cada um de nós, Ele se revela não só através da palavra *"Eu Sou"*, mas também Ele se revela nas situações que vêm ao nosso encontro. Deus se revela a nós em todas as ocorrências diárias.

Geralmente é assim: Quando uma situação desagradável vem a nós, então o nosso sangue começa a ferver, entramos em agitação. O que significa isso? "Eu tenho razão! Eu quero resolver a situação da maneira como eu penso ser correto!" Então, não podemos ouvir a Deus.

Deus é justo. Pois em cada situação desagradável que nos faz ferver, fazemos parte do negativo.

Eu digo conscientemente, “fazemos parte”, pois o nosso próximo que também está envolvido nesta situação, pode também ter a sua parte. Mas se dizemos, “Eu resolvo a situação assim como eu quero!” Ou: “Os outros devem resolver a situação!”, então estamos inquietos; não deixamos a Deus prevalecer. Todavia, em cada situação está Deus, Deus é a ajuda. E em todo o negativo ao qual contribuímos para que seja como é no momento, Deus é, por Sua vez, a ajuda.

Para que Deus nos dê resposta na situação, para que Deus resolva a situação para nós – para isto se precisa primeiro o passo de crer. Cremos nós no Deus próximo? Cremos nós que Ele nos pode ajudar a sair de toda situação? Cremos nós que Ele é o nosso Pai? Cremos nós que somos os Seus filhos? Cremos nós que Ele nos ama? Cremos nós que Ele nos ajuda – não só dizendo o que é que devemos fazer, mas também que Ele é justo e quer ajudar a todos que fazem parte da situação?

Se a nossa fé é maior que uma semente de mostarda, então começamos a confiar. E se o sangue se ferver uma vez, então dizemos: “Senhor, Você é o silêncio! Eu sei que faço parte disto, que eu tenho a minha culpa nesta situação. Eu purifico esta a minha culpa, a minha parte, porém Você ajuda a todos nós para resolver esta situação de acordo com a Sua santa lei do amor e da justiça."

Se podemos falar isto cheios de confiança no coração, então de repente torna-se caloroso em nós. Nos tornamos mais calmos. A agitação em nós se acalma e em nós emerge um pressentimento – um pressentimento do que podemos contribuir para a solução da situação. Subitamente ganhamos uma calma interior. Os nossos sentidos viram-se para dentro. A audição torna-se totalmente calma e na calma, totalmente alerta, ouvimos o que o nosso próximo diz. Daquilo que ele nos fala, ouvimos talvez um aspecto da solução – é a resposta de Deus através do nosso próximo. Novamente com um outro ouvimos de repente na conversa aqueles aspectos que nos tocam a nós e podemos reconhecer: Este é o nosso pecaminoso, a nossa culpa nesta situação. Então sentimos no coração que nos tornamos mais e mais calmos, porque a solução vai se formando – para nós pessoalmente e para a situação.

Para manter a calma na situação significa, portanto, primeiramente de nos perguntar: Creio eu? Me confio a mim n'Ele – Deus, ou quero que Ele resolva a situação assim como eu quero? Quem melhor nos conhece? O nosso próximo nos conhece? Ele não nos conhece. Nem nós mesmos nos conhecemos até a raiz do mal. Mas Deus nos conhece. E se nos conscientizamos de que Ele não nos castiga pelo nosso pecaminoso senão que quer nos ajudar – ajudar-nos para sair da situação, ajudar, para que reconheçamos a nossa parte pecaminosa e a purificamos, – então obtemos confiança na consciência que somente com Ele se pode contar, somente com Ele se pode contar.

Se queremos poder manter isso, que nós somente podemos contar com Ele – então para onde nos dirigimos? Somente para Ele! A não ser que queremos algo das pessoas. Então vamos às pessoas. E as pessoas sempre partilham o seu demasiado humano, o seu próprio ego. Se estamos satisfeitos com isso, então jamais seremos capazes de resolver uma situação de forma justa para assim a solucionar de acordo com a vontade de Deus, senão que a partir da situação já criamos novamente mais situações negativas.

Por isso: Manter a calma na situação também significa de nos questionar: Qual é a minha relação com Deus, o meu Pai, e com Cristo, o meu Redentor?

Tem a ver com o tornar-se ciente, o tornar-se ciente a cada dia – e isto sempre de novo: "Ele é um Deus próximo" – tornar-se consciente daquilo que devemos manter no coração: "Deus nos ama, Deus nos conhece, podemos contar com Ele. Ele soluciona a situação da maneira justa, conosco e através de nós e através de todos, para que nós não criemos ainda mais dificuldades."

Uma vez que nos conscientizamos disso e no transcurso do tempo caminhamos para dentro do nosso interior, reconhecendo que não adianta nada depender do nosso ego e tampouco do ego do nosso próximo – isso só nos confunde e traz sempre mais dificuldades – então nos entregamos a Ele. Porém, entregar-se a Ele significa, por sua vez: "Assim como Você resolve a situação, assim como Você é ativo através de mim, é justo!"

A justiça de Deus é geralmente diferente da qual queremos, do nosso dogmatismo. Ou seja, são os nossos problemas e dificuldades. O ego sempre se põe acima de Deus, quer sempre ter a razão. E enquanto queremos ter razão, queremos nós resolver a situação, e com isso, já criamos mais dificuldades. Esta é a inquietação da nossa disposição, e com isso, nunca encontramos a calma, nunca a Deus, e tampouco podemos ver a justiça de Deus predominar, ouvir a justiça de Deus prevalecer.

"Mantenha a calma interior em cada situação". Se colocamos esta declaração uma vez sobre os nossos pensamentos ou sobre o nosso mundo de sentimentos, então sabemos por que não conseguimos manter a calma numa situação.

Quando surge uma situação, não devemos esperar muito – devemos iniciar a solução prontamente. Se não conseguimos purificar algo imediatamente, então pode ser de ajuda quando sempre de novo dizemos: "Pai, que seja feita a Sua vontade, não a minha. Você sabe qual é a solução, e na hora certa irei saber a solução". Se isso vem do coração, então sentimos imediatamente uma moção no interior e sabemos como podemos contribuir para a solução pela nossa parte. O essencial é porém, sempre de novo a entrega e orientação a Deus: "Pai, não a minha vontade seja feita, mas sim a Sua!"

A chamada ao interior "Por favor me ajude!" é a orientação. O filho se orienta agora, neste momento, à situação. Nos tornamos mais calmos e a resposta é que nós reconheçamos a nossa parte, que nós reconhecemos o que devemos purificar e não voltar mais a fazer. E no momento no qual firmemente decidimos de não mais fazer isso, sentimos esta libertação maravilhosa – é um sentimento do interior que é indescritível, quando Deus também nos responde desta maneira.

Também poderíamos dizer: Esta é uma conversa com o Senhor. Nós oramos, e a resposta ou a solução vem. Não tem que necessariamente sair do nosso coração; de repente temos um sentimento, ou vemos uma imagem, ou uma outra pessoa diz: "Olhe aqui ou lá!" As respostas são múltiplas. Estas são as conversas com o Senhor.

O nosso tema foi: "Mantenha a calma interior em cada situação". O que podemos deduzir disto, por exemplo, para a semana que vem, de fato, para a continuação da nossa vida? "Busque a conversa com Deus". Isto não significa que devemos tentar ouvir para dentro de nós – por favor, não fazer isso! – senão que significa colocar-se nas mãos de Deus. Comecemos a nos perguntar: Cremos? Temos confiança n'Ele? Podemos nos entregar a Ele? Na oração, na oração profunda, no chamar por ajuda, na orientação do coração encontramos a conversa com Deus. Muitas vezes Ele nos responde não na palavra que sai do coração, mas Ele nos responde como já ouvimos hoje através do nosso próximo dentro da situação. De repente nos vem um sentimento caloroso, uma imagem surge – e muito, muito mais.

Deus nos fala através de muitas bocas. Mantenhamos esta consciência: Deus nos fala, porém o Seu amor e justiça quer faze-lo de outra maneira do que nós queremos, do que o ego quer, e portanto: a entrega.

Damos as boas-vindas à primavera. Portamos tudo o que vive dentro de nós. Tudo o que vive nos irradia e nos fala

De uma hora de ensino com Gabriele em 8 de abril de 1988

Quem caminha cada vez mais para dentro do "reino dentro de nós" também sente a pátria, a luz eterna, cada vez mais próxima – e deixará cada vez mais os seus pensamentos humanos e não se levará mais tão a sério.

No momento em que paramos de nos levar tão a sério, a vida desperta em nós e ao nosso redor, e experimentamos as maravilhas da vida todos os dias de novo.

Por que estamos todos colocados na primavera? Assim como todos os dias somos colocados no dia novamente, também fomos colocados nesta estação novamente. Já refletimos alguma vez no porquê? Não há coincidências. Por que estamos em nossas vestes terrenas experimentando a primavera neste ano?

Será que a primavera não quer nos dizer algo também?

E quando caminhamos pela natureza com os sentidos atentos, descobrimos o que a primavera nos quer dizer. No geral, ela quer nos dizer: "Veja, como tudo brota da terra, a vida, assim Eu, o Espírito, a vida, quero crescer a partir de você para a Minha glória."

E quando olhamos para as flores, para as plantas, vemos que nada cresce a partir de fora. A terra precisa de sol, chuva e vento para o crescimento, o que significa que as plantas, arbustos, árvores e flores precisam de sol, chuva e vento. Mas nada cresce de fora – tudo brota da terra e se mostra em belas cores e formas. Então é parecido conosco. Nós também precisamos da luz interior – e falando figurativamente, precisamos das "nuvens" para reconhecer as sombras da nossa alma. Quando eliminamos as nuvens do nosso ego, o sol brilha a partir de dentro e nós brilhamos tanto mais.

Por que vem a primavera, por que o verão, por que o outono e o inverno? Porque o planeta se aproxima do sol na primavera. A radiação aumenta, a luz do sol se intensifica, penetra a terra e da terra vem a diversidade da vida.

No verão flores completamente diferentes voltam, vemos os frutos amadurecendo. Vivenciamos o outono de outra forma novamente – também a variedade e a forma das folhas, as cores, o externo. Mas tudo vem "a partir de dentro", tudo é a vida proveniente de Deus.

E assim queremos incluir a primavera em nossas vidas. Somente quando nos aproximamos da luz interior ela começa a brotar e crescer em nós. O que cresce de nós então? As forças positivas. O humano desaparece; a elevada ética e moral, a vida interior torna-se efetiva, e somos como a flor: Irradiamos o que nos é dado de dentro – luz e força.

Se olharmos para as flores e plantas, podemos ter certeza de que tudo nos irradia e nos ilumina. E tudo o que nos irradia também nos comunica. Quem acredita que as flores, os arbustos, as árvores, toda a vida é muda, ainda não desenvolveu a vida em si mesmo. Quando vemos a variedade de flores e plantas, os ramos, podemos dizer que cada flor nos diz algo. Como isso é possível? As diferentes flores pertencem a um coletivo, e esse grande coletivo está na alma da Terra e irradia a vida espiritual até as raízes, até tudo que está na terra e porta a vida. Plantas, flores, arbustos, árvores, animais e até as pedras se comunicam conosco. É o coletivo das pedras, o coletivo das plantas, das flores, dos arbustos que se comunica conosco. E não vivenciamos a linguagem da natureza e a linguagem dos animais fora de nós, mas em nosso interior, em nosso corpo espiritual, porque é lá que está a essência de todos os coletivos, de todas as formas de vida.

Portamos tudo o que vive dentro de nós. E se nós, como humanos, abrimos esse coletivo, ou seja, se não há sombras densas sobre ele, fardos, então sentimos no nosso interior que tudo o que vive irradia para nós e nos fala, ou seja, se comunica. Nos alegramos com o chilrear dos pássaros. Se ouvirmos com atenção, então percebemos que os pássaros falam uns com os outros. E uma vez que tenhamos aberto em nós as forças dos pássaros, a vida, essa consciência dos pássaros, então ouvimos dentro de nós o que eles dizem uns aos outros.

As pedras falam. Somos surdos enquanto pensarmos apenas em nós mesmos e acreditarmos que somos apenas seres humanos de carne e osso, água e terra. Se fôssemos apenas humanos, teríamos pouca relação com a vida ao nosso redor porque não teríamos essa diversidade em nós. Mas nosso corpo espiritual é formado por todas essas formas de vida e, portanto, o corpo espiritual está em nós que contém todos esses coletivos, porque tudo o que vemos é lei e, portanto, vida. No momento em que nossas sombras humanas se afastam do nosso corpo espiritual sentimos por ondas de sensação que a natureza se comunica. Todo pequeno animal, por mais imperceptível que seja, pertence a um coletivo se ainda não tem uma alma parcial. E esse coletivo, por sua vez, nos comunica. Não o ouvimos fora de nós, mas o ouvimos em nosso corpo espiritual. As pedras irradiam, elas vivem, e o que vive nos comunica. As estrelas irradiam e a essência das estrelas nos comunica.

O Cristo de Deus falou em Sua revelação:

"*Assuma a sua herança.*" O que Ele está tentando nos dizer? "Entre na vida, desenvolva a vida que lhe dei, toda a criação como essência." Essa essência é o nosso corpo espiritual. Portanto, não somos apenas humanos, mas consistimos de espírito, alma e corpo físico – e, em última análise, somos infinitamente ricos porque todas as formas de vida querem nos servir e nos agradar. Nem as plantas nem as pedras, nem a radiação das estrelas nem os animais nos querem fazer mal – eles querem nos servir. Se todavia dissermos: "Muitos animais atacam", devemos sentir para muito tempo atrás. Será que não fomos nós mesmos que nos tornamos agressores contra a natureza? E muitos animais que têm uma alma parcial captam as nossas vibrações negativas agressoras, eles nos temem e então atacam.

Se abandonarmos o nosso ânimo combativo, o nosso ego humano, se voltarmos a ser novamente o que nos é dado – a vida a partir da vida de Deus – então experimentaremos o infinito em nós e não haverá flor, nem arbusto, nem árvore, nem pedra, nem animal estranho para nós – é uma parte de nós mesmos.

Todos eles pertencem a diferentes coletivos, mas os coletivos irradiam para nós. E quando esse coletivo espiritual se desenvolveu em nós, então sentimos o que eles querem nos dizer – e se não formos capazes de traduzi-lo em nosso idioma – então sentimos em nós que eles estão fluindo em nossa direção amor, forças de luz e benevolência.

Vamos praticar de sentir a vida que, em última análise, também está em nós.

Cada um de nós pode escolher uma flor ou uma planta. Nós vemos ela, ou seja, não olhamos para ela – quando olhamos para ela percebemos os detalhes do exterior. "Ver" significa: absorvemos toda a impressão, puxamos toda a substância radiante para dentro, mergulhamos em nosso ser interior e sentimos – de fato, o que sentimos? Vamos praticar!

A vida dá força. A força flui para nós de tudo, se formos capazes de absorvê-la. No momento em que somos mais ou menos livres e nossos pensamentos humanos não nos bloqueiam mais, sentimos a vida.

Muitos dizem: "Precisamos de ervas e plantas para o nosso corpo, elas são boas para nós. Gostamos de beber chás de ervas e plantas" – para nós é natural beber chá de ervas, por exemplo.

Acreditamos que somente quando colhemos esta pequena erva e a usamos como chá ou tempero, por exemplo, é que ela faz bem ao nosso organismo. Sim, com certeza é bom, precisamos do chá, precisamos do tempero. Todavia, se uma erva fica na Terra ou a usamos como chá – ela irradia e se doa a nós. A mesma vida irradia para nós quando a encontramos na beira da estrada, ou na floresta, no campo, no jardim. Ela irradia e quer nos dar as forças que o nosso organismo precisa. A alma tem essas energias vitais e, se estiverem ativas na alma, também se irradiam para o corpo.

Portanto, a natureza nos foi dada para que não apenas a desfrutamos, mas também absorvemos as forças, e podemos fazer isso não apenas usando-a como chá, como condimento e afins, mas também absorvendo-a como a natureza, a vida se dá para nós.

E quando de repente percebemos: Tudo está vivo – e tudo que vive sente? Então não será mais possível pisotearmos conscientemente uma planta. Inconscientemente isso acontece o tempo todo, mas inconscientemente é semelhante quando o Criador diz: “Você tem um corpo material, Eu me ofereço a você e formo o tapete para você”. Mas quando pisoteamos a vida conscientemente, então sombreamos o coletivo em nosso interior.

O mesmo acontece em relação aos animais quando os matamos conscientemente, quando os atormentamos, os abatemos e muito mais – com isto sobrecarregamos a nossa alma, porque tudo sente. O animal também sente, e se conscientemente matamos ou abatemos o animal, então nos sobrecarregamos e a relação com a vida da natureza, com os animais, torna-se cada vez mais limitada. O ser humano torna-se cada vez mais grosseiro, violenta a natureza e violenta a Terra. No momento em que a vida interior despertar no ser humano, ele apreciará a vida na Terra porque é uma parte dele.

Devemos nos regozijar todos os dias com a natureza florescente e, ao mesmo tempo, reconhecer: Assim como a folha se desdobra de sua casca, também devemos nos desdobrar da cápsula do ego humano, explodindo-a, por assim dizer, cientes de que nós somos filhos de Deus e filhos do amor divino.

Não apenas os pássaros falam cantando e assim expressando o que corresponde à sua consciência. Todos os animais irradiam vida e comunicam conosco. Se apenas olharmos para os animais, então os julgaremos. Dizemos: "Isto é um cão, isto é um gato, isto é um ouriço, isto é uma rã, isto é um sapo, isto é um besouro", e muito mais.

Mas se vermos os animais nos olhos e absorvermos a radiação total do animal, muitos de nós sentiremos que o animal está falando conosco. Quer sejam cavalos, sejam vacas, sejam ovelhas – vamos vê-los nos olhos! Os olhos irradiam o que querem nos transmitir. É maravilhoso experimentar isso uma vez – ver, não apenas olhar e julgar. Vendo, absorvendo, experimentamos o que cada animal sente. E então gradualmente sentiremos também a alma parcial ou o coletivo em nós, porque o que irradia do animal irradia para dentro de nós, no coletivo espiritual, para o nosso corpo espiritual. E se esse coletivo não estiver sobreposto com cargas em nós, então sentimos o que os animais querem nos dizer. Não passaremos mais descuidadamente pelo próximo animal, pelos animais, mas quando encontrarmos animais diremos: "O que eles querem nos dizer agora?" Não é à toa que encontramos eles, não é à toa que percebemos uma flor à beira do caminho, não é à toa que de repente ficamos admirados diante de um arbusto florido, não é à toa que somos atraídos ao jardim para olhar as flores e os arbustos. Não há coincidências – tudo isso quer nos dizer algo, todos esses encontros, ou que nos sentimos atraídos ao jardim, que de repente notamos um certo arbusto, e muito mais.

A vida é rica, infinitamente rica, é a plenitude – e nós temos essa plenitude dentro de nós. Jamais poderíamos sentir a vida de um animal ou de uma planta se não tivéssemos em nós o mesmo, o imã que praticamente atrai a radiação desta planta, deste animal, da pedra, que atrai a radiação das estrelas. E quando despertamos cada vez mais espiritualmente, sentimos que a luz de Deus está em toda parte, que o espírito do Pai vive em nós e Seu poder criativo em todas as formas de vida.

Tambem poderíamos nos perguntar: O que as flores tem a se dizer?

Os coletivos entre si – coletivos são diferentes estados de consciência – trocam energias entre si e assim se comunicam.

Os coletivos são forças de consciência, e cada espécie vegetal tem uma consciência diferente, ou seja, ela irradia conforme o seu desenvolvimento. Consciência é desenvolvimento, áreas de consciência são estágios de evolução. As diferentes pedras, dependendo de sua composição, por exemplo, pertencem a um coletivo, e então existem muitos coletivos de pedras, de minerais. O mesmo com as plantas. Diferentes plantas pertencem a diferentes coletivos, portanto, elas têm diferentes aspectos de consciência. Mesmo os animais que ainda não possuem uma alma parcial pertencem a um imenso campo de consciência que também poderíamos chamar de coletivo. E esse coletivo respectivo então fornece poder espiritual às pedras, plantas e animais – exceto os animais com almas parciais, eles já têm um núcleo de ser ativo e recebem como nós. Todas as sete forças básicas estão desenvolvidas em nós, nas almas parciais dos animais, talvez três ou duas, dependendo de quanto progrediu o desenvolvimento da alma parcial.

Assim como os seres espirituais trazem alegria ao Deus Criador por meio de suas emanações positivas, é o mesmo com todas as formas de vida –

incluindo as pedras. E essa radiação, se conseguirmos absorvê-la, então o coletivo nos diz exatamente aquilo que é bom para a nossa vida.

Quando caminhamos conscientemente pela natureza, reabastecemos uma enorme quantidade de força, porque a vida ao nosso redor se doa. Está aqui para nos servir com amor. Se nos voltamos para a vida em amor, essa comunicação ocorre, o fluir de forças positivas.

Tome a sua liberdade, torne-se livre e seja livre!

Do seminário do mesmo nome com Gabriele em 2003

A liberdade cósmica é um dos princípios divinos que atuam na lei de Deus, nas sete forças básicas. Sem amor não há liberdade e sem liberdade não há amor.

Alguns vão pensar agora: "O que a liberdade tem a ver com o amor?" – e vice-versa: "O que o amor tem a ver com a liberdade?"

Permita que seu próximo seja independente. Dê o que você espera.

Vamos primeiro examinar a palavra "liberdade". Onde não há liberdade, há falta de liberdade, servidão – em resumo: um vínculo. Portanto, o vínculo atrapalha a nossa liberdade. Vamos, portanto, explorar a questão: O que é vínculo e como ele surge?

O vínculo cresce do amor próprio que diz: "Tudo só para mim!" Só podemos "tomar" a liberdade para nós, ou seja, só podemos alcançar a liberdade se verdadeiramente amarmos o nosso próximo, se pensarmos no próximo com o nosso coração, se temos uma boa disposição para com ele e não esperamos nada dele – bem pelo contrário, damos à ele. Isso é o que Jesus, o Cristo, nos chamou a fazer no Seu Sermão da Montanha: Dê o que você espera. Em outras palavras: você deve sempre dar primeiro o que espera dos outros. – Então, gradualmente esquecemos o nosso próprio ego, o pensamento orientado à pessoa, egoísta, girando em torno de nosso próprio bem-estar pessoal.

Amor é dar. Quem não rejeita o próximo, mas aprende a compreendê-lo e também o ajuda em algumas situações difíceis de avaliar e de entender, pode tomar a liberdade de dizer: "Farei o que puder por você, mas não vou deixar me vincular". É claro que isso pressupõe que nós, da nossa parte, não nos vinculemos ao nosso próximo. Vincular sempre significa segurar o próximo, agarrar-se a ele, em última análise, torná-lo dependente de nós. Então, damos apenas uma determinada quantia para que o outro seja submisso.

Quem descobre que está vinculado pode pensar: "Quero me livrar desse vínculo. Eu quero ganhar a liberdade. Assim, afastarei do meu próximo a quem estou vinculado; vou me distanciar dele, deixá-lo – seja interna ou mesmo externamente." Mas assim não superamos o vínculo. Isso não é a liberdade, mas é contra a liberdade, porque a liberdade está na igualdade e também na unidade. E na unidade há sempre a responsabilidade para com os outros seres humanos.

Vamos reconhecer a diferença entre "abandonar" e "soltar". Abandonar significa deixar o próximo para trás, deixá-lo cair, desampará-lo. Se abandonarmos o nosso próximo – seja interna ou externamente – assim fugimos da responsabilidade e ao mesmo tempo deixamos a unidade.

Deus nunca se afasta de nenhum de Seus filhos. Por que não? Deus é a unidade e unidade é amor: altruísta, impessoal, sempre doador. Ele não espera nada para si mesmo e deixa a cada um de nós a liberdade de tomar as suas próprias decisões e para o seu próprio desenvolvimento. Deus diz: "você deveria", mas Ele nos solta.

Devemos aprender a não mais nos vincularmos ao nosso próximo, deixar ele ser independente e sermos independentes nós mesmos, ou seja, a soltar o nosso próximo, para que ele possa se desenvolver e nós também. É assim que a liberdade se desenvolve.

Vínculo causa infelicidade

Por que é tão importante abrirmos mão de vínculos e desejos não realizados? Porque eles nos deixam infelizes.

Vamos dar uma olhada: Muitas pessoas estão infelizes. Se questionarmos a nossa própria existência, muito em breve sentiremos dentro de nós que as pessoas que se vinculam a nós ou a quem nós nos vinculamos, não podem se desenvolver livremente. Segue-se disso que aqueles que se vinculam aos outros não podem se desenvolver livremente.

Cada um de nós se esforça pela felicidade; queremos ser felizes. Portanto, a pergunta para nós mesmos é: quem nos torna infelizes? Ou: o que nos deixa infelizes?

Alguns dirão agora: "Tenho medo de abrir mão, do desprendimento. Sob certas circunstâncias, estarei então sozinho." Quem vive com esse medo deve reconhecer que ele vive em vínculos e não em liberdade. O vínculo o torna infeliz.

Nós nunca nos sentiremos abandonados se não vincularmos os outros a nós e também não nos vincularmos aos nossos semelhantes. Quem quer que se apegue ao próximo é egocêntrico, egoísta, sem amor, e toda falta de amor o torna infeliz. Então, esperamos a nossa felicidade dos outros – eles devem nos fazer felizes. Eles deveriam nos dar de sua energia; não queremos dar, queremos tomar.

"Tome a sua liberdade" – ou seja: ganhe a sua liberdade – isso significa antes de mais nada, ter certeza do que significa a verdadeira liberdade.

Supere ativamente a sua vida – questione os seus humores e inibições

Quantas vezes ouvimos: “Eu tomo a liberdade de dizer ou fazer isto ou aquilo”, o que geralmente acaba sendo que fazemos o que queremos fazer de forma mais ou menos implacável, sem considerar o espaço e os interesses do próximo, pois a questão é o que nós queremos. É isto a liberdade? Na realidade, prejudicamos a nós mesmos e aos outros, porque a liberdade que tomamos geralmente torna o outro infeliz. Para muitos, tomar a liberdade significa “viver” às custas do outro.

Se analisarmos a palavra “liberdade” e relacionarmos a análise a nós mesmos, ou seja, nos questionando por que nos vinculamos ao nosso semelhante ou permitimos que outros se vinculem a nós, perceberemos que é apenas o ego egoísta e o medo de ser rejeitado por outros.

Algumas pessoas encolhem os ombros na infelicidade e dizem: “Esse é simplesmente o meu destino.” Aqueles que são tão resignados ao destino não acreditam na liberdade. Todavia, temos a liberdade de determinar o nosso destino nós mesmos, para remediar as causas em tempo útil com o poder do Cristo de Deus, ou para diminuir ou suavizar um efeito que já aconteceu, por exemplo, um golpe do destino. Depende de nós, como lidamos com as circunstâncias de nossa existência terrena – se realmente vivemos lidando ativamente para superar isso, ou reagimos passivamente, vinculados ao destino.

Muitas pessoas se comportam como escravos – escravos de seu próprio ego humano e, consequentemente, sujeitos à influência do ego de outras pessoas. Elas se prendem às suas próprias fraquezas. Tais pessoas falam sobre a liberdade e não sabem que a liberdade está no pensar, falar e agir. Cada pessoa determina ela mesma a sua trajetória e, portanto, o seu próprio caminho. Ela tem a liberdade de decidir a todo momento.

Ninguém está livre de humores e inibições. Mas os nossos humores e inibições, tudo o que nos toca, são indícios provindos da nossa alma; os movimentos do nosso temperamento são a linguagem da nossa alma. Ela nos fala e nos pede para questionarmos os humores, as inibições e movimentos, para nos libertarmos do que a sujeitamos por meio de sentimentos, pensamentos, palavras e ações e, possivelmente, a continuamos a sujeitar.

A vigilância em relação a nós mesmos está na ordem do dia. Antes de cairmos em nossa asneira pessoal, demasiada humana, ou seja, cair em nossos antigos erros, as nossas posturas ruins e fraquezas, há muito que a nossa região do estômago reclama, e simplesmente não demos atenção a isto. Portanto, podemos ter caído em situações que não deveriam ter acontecido se tivéssemos prestado atenção a este resmungo interior, ao dedo indicador da nossa consciência. Por isso é tão importante: Assim que sentimos um incômodo - são inibições, são perturbações, um certo incômodo - devemos estar atentos: Pare! Algo está sendo sinalizado para mim aqui; é aqui que o meu subconsciente fala, é aqui que a minha alma fala comigo. O que ela quer me dizer hoje, de fato, neste momento?

Vamos resolver isso e não vamos ter medo de olhar de perto - porque as coisas definitivamente nem sempre são boas - e se estivermos dispostos a nos livrar do nosso mal, só então sentiremos o que significa a verdadeira liberdade. Uma força interior se desenvolve e, no final, uma benevolência para com os nossos semelhantes. Não esperamos mais nada deles. Podemos dar tanto quanto pudermos, sem estarmos vinculados a eles ou sem eles estarem ligados a nós.

O caminho para a realização do sentido de nossa existência terrena conduz à liberdade, a ser livre. Pois estamos nesta Terra para nos libertarmos à tempo do nosso demasiado humano com a ajuda do espírito de Deus em nós, para depois seguirmos o livre caminho – pelo próximo sem depender dele.

Este é o caminho do ser humano para o reino dos céus. Todo o resto é um caminho egoísta que muitos seguem ao longo de anos, de décadas, para se livrar de seu ego, mas que leva continuamente ao aquém. É por isso que existem tantas pessoas. O caminho livre, por outro lado, é a liberdade – ser livre em tempo hábil para servir verdadeiramente ao próximo. Isto é a vida. Isso é seguir a Cristo. Isso leva cada vez mais à proximidade de Deus, à união com Deus e à segurança interior. Esse é o caminho para todo ser humano – se ele o quiser seguir.

Somente o autoconhecimento, o conhecimento da verdade sobre nós mesmos, nos liberta. Muitas vezes, é preciso um pouco de coragem para olhar para si mesmo com honestidade, isto é, sem piedade, especialmente se negligenciamos isso durante anos. Sem que estejamos cientes disso, a nossa afirmação do ego costuma estar escondida atrás de desculpas que começam, por exemplo, com "Eu só quero que ..." ou "O outro tem ..." ou "Isso é completamente normal ..." e muito mais.

Vamos ter coragem, caros semelhantes! Vamos nos enfrentar! Vale a pena. Pois quem não gostaria de alcançar a liberdade que nos tira do aperto, dos nossos constrangimentos, que nos permite ter pensamentos grandes e, no fundo, nos faz felizes por dentro!

Vamos parar um momento para pensar sobre nós mesmos. Pensar significa mover. Eu coloco em movimento o que corresponde aos meus pensamentos, a fim de olhar dentro dos pensamentos. Portanto, movamos os nossos pensamentos em torno da palavra liberdade, e nós nos vivenciamos.

Façamos breves anotações; vamos anotar o que aconteceu em nós com palavras-chave.

Portanto, agora vivenciamos o conteúdo do nosso próprio pensamento. É como se um estranho estivesse pensando, porque quem vai aos poucos analisando o conteúdo do seu pensamento e da sua fala, inicialmente acha que ele não é aquilo que está elaborando.

Vamos encarar o fato de que o que nos dói, o que nos atinge, não é uma outra pessoa. Somos nós mesmos! Se reconhecermos hoje o que nos vincula, então temos hoje a chance de nos libertar disso.

Aquele que se esforça por uma vida consciente, que quer se tornar claro, sincero e livre de dentro para fora, a fim de encontrar o seu caminho para sair do círculo estreito do seu ego, o aprisionamento do egocentrismo, se esforçará para compreender as suas subcomunicações, o que está passando abaixo do que ele – conscientemente – pensa, fala ou faz.

Essa pessoa consegue se conhecer mais profundamente do que a pessoa superficial. Aos poucos, vai se desprendendo do vínculo com a sua própria pessoa, com o seu "pessoal", "humano" e demasiado humano; ela ganha distância de si mesma;

dominará a sua vida cada vez melhor e poderá também estar ao lado dos outros cada vez mais abnegadamente, isto é, sem necessidade de ovações de reconhecimento e gratidão. Ela se torna cada vez mais impessoal, autônoma, independente e livre a partir de dentro. Seu horizonte de consciência se expande; ela ganha percepção, visão e profundidade e, dessa forma, é capaz de assumir responsabilidades de verdade.

Vínculo significa perda de energia

Portanto, o vínculo é falta de liberdade. O elo torna uma pessoa livre. Uma verdadeira amizade é o elo entre aquelas pessoas que se dão mutuamente, mas que não esperam nada da outra. Estejamos cientes de que aqueles que doam abnegadamente também receberão. O amor verdadeiro, a amizade verdadeira é comunicação positiva, é dar e receber sem expectativas. Esse é o elo, é isso que devemos aspirar – isso nos torna livres e felizes.

As expectativas mútuas nos tornam dependentes. Qualquer dependência é vínculo, igual à falta de liberdade. Esperamos então que o outro nos confirme sempre de novo, e o outro espera isto de nós. Isso leva à coerção.

Cada confirmação de outras pessoas leva à camaradagem, que geralmente não dura muito.

A liberdade também significa, entre outras coisas, sermos justos com o próximo com quem possivelmente estamos juntos por anos. É assim que se desenvolvem a independência e a verdadeira liberdade.

Ser justo consigo mesmo, ou seja, ser honesto consigo mesmo, também traz justiça e honestidade para com os nossos semelhantes. Isso liberta.

Se formos justos conosco mesmos, também colocamos o outro na balança e não o prendemos com palavras ou gestos. Se formos desonestos conosco mesmos, nos vinculamos ao outro. No entanto, se formos honestos conosco mesmos, também deixamos aos nossos semelhantes a liberdade.

Vamos nos conscientizar de que a nossa falta de liberdade, o vínculo às pessoas e à segurança externa significa uma perda de força, porque o vínculo sempre tira energia de nós. Quem quer que se vincule a nós, a quem permitimos que se vincule a nós, este tira as nossas energias. Isso significa que o nosso corpo também sofre com a falta de energia ao longo do tempo, o que faz com que muitos órgãos fracos adoeçam, de modo que no final das contas, sofremos com a nossa falta de liberdade.

Deve ficar claro para nós: Todo pensamento que contém uma vontade, uma expectativa ou mesmo uma reivindicação ou demanda ao próximo significa uma perturbação da unidade. Cada perturbação da unidade traz, antes de tudo, distração em nossos pensamentos e sofrimento nos nossos sentimentos, e no transcorrer do tempo, causa no corpo indisposição e doença. Isso também se aplica aos donos da verdade, ao sabichão e às atitudes de recriminação. Então, não encontramos a paz em nós mesmos nem com os nossos semelhantes.

Nós nos apegamos ao nosso próximo por meio da nossa vontade, por meio de pensamentos vinculantes. Para onde enviamos os nossos pensamentos, daí seremos envolvidos. Se não quisermos soltar, então aquele a quem nos ligamos vai nos enredar e mais ou menos nos roubar a nossa energia, ou seja, nos prender, até certo ponto, em seus padrões de pensamento. Estamos então presos – não livres, vinculados.

Vinculação, igual à falta de liberdade, inevitavelmente também surge quando não fazemos jus a uma responsabilidade. Por exemplo, se não realizarmos as tarefas que assumimos, ou apenas com indiferença, descuidada e inadequadamente, tornar-nos-emos irresponsáveis com o tempo.

Pessoas que não cumprem a sua palavra não são livres; elas não são confiáveis; elas carecem de firmeza. A falta de liberdade leva ao fato de que alguém se apoia constantemente nos outros. Pessoas que não são confiáveis porque não cumprem a sua palavra estão sempre à procura de pessoas que pensam como elas, ou seja, pessoas que são tão pouco livres quanto elas. Elas se endossam mutuamente. Isso leva ao que é conhecido como uma vida no "atoleiro".

Se dissemos sim uma vez e não o cumprimos, então quebramos a nossa palavra. Podemos então nos enredar em outras promessas, com as quais nos tornamos, com o tempo, em nossos próprios prisioneiros.

Como saímos dessa prisão, se temos nos comprometido com muitas ou mesmo com muitíssimas pessoas, a quem prometemos algo e não o cumprimos? Essas pessoas são agora as grades da nossa prisão.

Se prometemos algo, devemos cumpri-lo. No entanto, antes de tomarmos tal decisão, devemos nos questionar sobre os nossos motivos, e antes de darmos o nosso sim a alguém ou dizermos sim a algo, devemos examinar cuidadosamente: É esta a vontade de Deus? Está de acordo com os Seus mandamentos? Estou fazendo isso voluntariamente? Eu faço isso por convicção? Eu sei que isso corresponde à liberdade? – Se nós então, após cuidadosa consideração e análise, dissermos que sim, então devemos mantê-lo, caso contrário, nos tornaremos em nossos próprios prisioneiros. Como muitas pessoas geralmente não mantém a sua palavra, elas têm muitos, muitos problemas e dificilmente saem de sua própria prisão.

Cada um é o ferreiro de sua própria felicidade ou infortúnio, pois a felicidade ou o fracasso estão na própria pessoa.

Muitas pessoas acreditam que a liberdade depende do patrimônio e posses. Estejamos cientes de que as pessoas que só pensam em si mesmas, que acumulam e juntam bens não são verdadeiramente ricas. Qualquer posse pessoal excessiva torna a pessoa dependente de suas posses e a rebaixa. Todavia, todo aquele que usa a sua riqueza para novas obras, para caminhos que outros podem seguir, que também levam à abundância para muitos, é, na verdade, livre, porque se enriqueceu no seu interior.

O verdadeiro amor liberta

Estejamos cientes: O verdadeiro amor liberta. Somente aqueles que amam a Deus sabem que Deus os ama. Esse conhecimento leva à liberdade absoluta.

Aliás, quem não ama a Deus, este busca apoio no externo; ele se vincula às pessoas e ao mundo. Como resultado, ele então cria crenças e dogmas também.

O adversário de Deus fala a palavra do vínculo. Seu princípio é: "Divida, vincule e domine." O vínculo não conecta e leva à falta de liberdade. Não existe um sistema de domínio que não seja baseado no vínculo e na dependência.

Na lei de Deus, entretanto, se diz: "Una e seja", que significa amor altruísta, igualdade, liberdade e unidade – a irmandade de um com o outro, de um pelo outro, a paz posta em prática. As regras básicas de igualdade, liberdade, unidade, fraternidade e disto, a justiça, são a base para estar um com o outro de forma pacífica entre os povos. São elas que transformam os membros de um Ocidente belicoso e supostamente "cristão" em pessoas pacíficas.

Os verdadeiros seguidores de Jesus, o Cristo, são pessoas justas que veem com clareza, que seguem a sua consciência viva, a autoridade interior de controle ético e moral – alerta, responsável, que pensam e agem de forma independente.

Encontre o elo, a verdadeira amizade

Como podemos encontrar o elo que caracteriza, por exemplo, uma amizade verdadeira? A verdadeira amizade significa perdoar-se sempre de novo, guardar os mandamentos de Deus e orientar-se ao Sermão da Montanha de Jesus, o Cristo. Disto, desenvolve-se a liberdade, a verdadeira amizade e a paz.

O divino no ser humano é o coração desperto da alma, é a fidelidade ao Eterno, é a visão clara e o cumprimento da vontade de Deus. Tais pessoas estão muito distantes das motivações usuais daqueles que falam de liberdade, mas não são livres.

A pessoa em quem o amor e a verdade estão unidos não estará à deriva nos ancoradouros do mundo, nem mesmo quando houver situações em que acredite estar à deriva em alto mar. A sua consciência de Deus é a sua força. Aquele que atingiu esta força não irá condenar nem julgar; ele permanece conectado ao amor e à verdade em seu esforço e vida. A reverência pela lei suprema que é o amor e o amor ao próximo, é o seu dever.

Toda alma requere a liberdade. Sentimos isso em nossos sentimentos e em nossa consciência.

Uma frase que podemos mover dentro de nós se quisermos. Uma frase não só para hoje:

Livre é aquele a quem o dia pertence.

Quem não se torna livre sempre destrói tudo o que é bom. Dêmos uma olhada em nosso mundo – essa falta de liberdade! Todo mundo só quer ser cortejado pelo outro. Para isso inicia-se guerras, isso o torna dependente e muito mais. Vangloriar-se perante o outro mostra, em última análise, a própria fraqueza; isso é falta de liberdade. Toda guerra, mesmo em pensamento, é contra o próximo – e nada mais é que a própria fraqueza. Quando as nações guerreiam – quem ataca é sempre o mais fraco.

Guerra – seja em pensamento, seja em palavras, se um país usa força armada contra outro – a guerra é sempre uma fraqueza.

A liberdade é um presente do Pai. Da liberdade pode verdadeiramente desenvolver-se o amor interior e o elo interior com a alma do próximo, mas acima de tudo, a comunicação com Deus, o nosso Pai. Então, não olharemos mais para os nossos semelhantes na expectativa de que eles façam algo por nós – somos livres em nós para desenvolver o amor por Deus.

Se nos libertarmos por meio da auto-observação e da purificação diária daquilo que ainda nos vincula, então a liberdade vai se desenvolvendo pouco a pouco. Isto nos dá forças para ajudar os outros aqui e ali de forma altruísta, sem pensar em nós mesmos. Pois o sentido da nossa existência terrena é de conseguir novamente a comunicação com a liberdade, com o divino em nós, para sentir o que Deus pretende fazer conosco neste mundo. Não devemos nos contentar em sempre apenas percorrer o nosso caminho pessoal do berço ao túmulo, senão que Deus quer que as pessoas tenham desenvolvido depois de um certo tempo a maturidade interior, igual à liberdade interior, para sentir o próximo, para servir e ajudar o próximo.

Se nos esforçamos em seguir as instruções do Sermão da Montanha em situações cotidianas, por exemplo, desistindo de qualquer luta contra o nosso próximo, reconhecendo o belicoso em nossos sentimentos, sensações e pensamentos, em nuances cada vez mais sutis e superando isso com a ajuda e a força do Cristo interior, então a Sua luz brilhará cada vez mais em nós e experimentaremos o Seu agir de várias maneiras na vida cotidiana.

Aqueles que aprendem a vivenciar e sentir Cristo em si mesmos ganham apoio interior, independência, segurança e força interior – dons do Altíssimo, que são indestrutíveis porque o poder, o amor e a sabedoria de Deus são permanentes.

Portanto, vamos nos libertar para sermos livres! Ser livre é qualidade de vida, ser livre é paz, ser livre é amor e unidade.

Portanto: Torne-se livre e seja livre!

Prólogos e monólogos

De uma hora de ensino com Gabriele
para as comunidades livres sob o signo do lírio
em outubro de 2017

ste tópico é de extrema importância: trata-se dos prólogos e monólogos.

Muitos se perguntam: "O que poderia ser – prólogos, monólogos"?

Quando ouvimos falar dos nossos "pensamentos", para nós é bastante normal porque todos têm pensamentos, eles fazem parte da nossa vida. No final das contas, muitos pensamentos estão aí para serem questionados ou analisados para que as coisas ruins possam ser reconhecidas e corrigidas a tempo.

Devemos reconhecer os nossos maus pensamentos e corrigi-los a tempo, antes que se tornem um prólogo ou mesmo monólogos.

Assim, chegamos ao nosso tópico: prólogos, monólogos.

Um prólogo é composto de pensamentos semelhantes; pode-se dizer que é a base de pensamentos ou a base para os monólogos.

Uma base de pensamentos é uma aproximação a um prólogo, que em certas circunstâncias, dependendo do curso, pode ser uma preliminar de um monólogo, possivelmente com consequências dramáticas, dependendo do conteúdo dos pensamentos.

Quanto mais tempo cultivamos um ou mais pensamentos semelhantes, mais eles se formam a um assim chamado ninho de pensamentos agrupados.

Os monólogos partem de um assim chamado "ninho", de uma base de pensamentos, se não se reconhece e elimina o ninho, o prólogo de pensamentos semelhantes, à tempo. A preliminar para os monólogos também é o chamado ninho ou ainda uma cadeia de pensamentos enrolados e semelhantes. A cadeia de pensamentos que gradualmente se enrolou forma os monólogos.

Voltemos mais uma vez ao prólogo, ao ninho de pensamentos semelhantes ou a uma cadeia enrolada de pensamentos.

Na maioria das vezes, um prólogo começa com uma situação não digerida que sempre nos leva a pensamentos parecidos ou iguais.

Pensamos e pensamos no que não conseguimos processar, também nos problemas, preocupações e medos, também nas incoerências no trabalho, possivelmente com o patrão, mas também na sociedade etc., etc.

Para cada pessoa a base é algo diferente. A preliminar de um prólogo, que em certas circunstâncias pode ter um resultado dramático, é, portanto, fundamentalmente diferente.

Se não resolvermos o prólogo a tempo, ele se tornará em um monólogo que pode, sob certas circunstâncias, durar dias.

Prólogos e monólogos são conversas consigo mesmo. Falamos conosco mesmos, e na verdade, sempre sobre a mesma coisa. Continuamos pensando e pensando o mesmo tipo de pensamento repetidamente. É o bobinar da cadeia de pensamentos que começou no prólogo e continuou nos monólogos. Portanto, falamos conosco mesmos; pensamos sempre de novo no mesmo.

Esta cadeia de pensamentos pode – como já mencionado – perdurar por vários dias. Um prólogo, um assim chamado ninho de pensamentos, pode, dependendo das circunstâncias, incluir pensamentos adicionais que são derivados da mesma situação ou de situações parecidas, possívelmente de conversas com pessoas que vivenciaram ou experimentaram coisas parecidas.

Uma parte destas conversas-pensamentos é incluída no prólogo pessoal ou no monólogo, assim que, dependendo das circunstâncias, forma-se uma nova cadeia de imagens – pois o ser humano pensa em forma de imagens. Dependendo da sequência de imagens, igual a situações de imagens, estas podem ser levadas ao prólogo ou ao monólogo.

Pensamentos impróprios, igualmente de que tipo, podem ser atraídos por pessoas – são pensamentos, que, por sua vez, podem partir de pessoas ou até mesmo de outras forças. Monólogos podem, dependendo do conteúdo, portanto impulsionar a atos dramáticos e acarretar sérias consequencias.

Por isto este tema "Prólogos e Monólogos" é de extrema importância.

Em nosso mundo, que está repleto de guerras contra pessoas e contra os reinos da natureza, pode-se deduzir muita coisa dos assim chamados prólogos e monólogos.

Quase todos os dias ouvimos falar de conflitos, de depredações, de roubos, de assaltos ou até mesmo de estupros, de homicídio e assassinato.

Pergunta-se: de onde vem na verdade tais excessos?

O que precedeu tudo isto?

No final da hora de ensino, Gabriele deu a dica para haver uma troca de ideias sobre este tema e sobre as próprias experiencias, com as palavras:

Nós somos chamados. Não vamos falar de outros – vamos falar de nós mesmos. A experiencia própria pode ajudar o nosso próximo, não a teoria.

A Lei da Correspondência

De uma hora de ensino com Gabriele no dia 15 de abril de 1988

que é a lei da correspondência e de onde ela vem? Faz parte de nossa herança espiritual?

Pensemos no ser supremo e radiante – é Deus, o nosso Pai Eterno. Deus, nosso Pai, é amor absoluto.

É possível que o ser supremo e radiante, Deus, nosso Pai, tenha correspondências? – Não! Então temos que nos perguntar: De onde vêm as correspondências?

Nós somos à imagem de nosso Pai. O nosso Pai Eterno não tem correspondências, Ele é amor absoluto, eternamente fluindo. A nossa herança é o amor divino. No amor divino há paz, harmonia, humildade, bondade, Ordem, Vontade, Sabedoria, Retidão, Paciência, Amor, Misericórdia. Esta é a nossa herança espiritual. Este é o macrocosmo – as sete forças básicas de Deus, e temos essas sete forças básicas dentro de nós. Assim, o nosso ser interior é o microcosmo. Aí no interior há mansidão, humildade, bondade, as muitas, muitas forças contidas nessas sete forças básicas.

Assim, poderíamos dizer: A lei da correspondência foi no final criada pelos seres da Queda, e todo aquele que imerge na Queda, ou seja, que se sobrecarrega, constrói sobre a lei da correspondência. Todo fardo, também chamado de pecado, é uma vibração baixa em nossa alma, e esta responde imediatamente quando o mesmo ou algo semelhante ressoa em nossa direção. Assim, poderíamos concluir que quando algo ressoa em nossa direção e nós nos irritamos com isso, temos o mesmo ou algo semelhante dentro de nós.

E como superamos essa lei da correspondência, como corrigimos o que ressoa em nós, o que nos irrita? Se queremos tornar-nos perfeitos novamente, imagens conscientes de nosso Pai Eterno, seres espirituais radiantes e puros, devemos reconhecer muito do que causamos através de nossas correspondências, pois se há uma grande parte das correspondências sobre as quais não aprendemos, que não examinamos, então iremos reforçá-las sempre de novo. O autoconhecimento é, portanto, um fator muito importante para nós, a base para que a luz do Redentor cresça em nós.

Cristo nos trouxe a centelha do Redentor, mas a redenção em cada um de nós só é completa quando não temos mais correspondências. Enquanto tivermos correspondências estaremos sob a marca da redenção. Somente quando temos reconhecido e entregado as correspondências e vivemos cada vez mais a lei de Deus, nós, como seres, entramos nos três atributos da filiação, nos planos de preparação, onde aprendemos a manejar a lei eterna, ou seja, a dominar completamente o nosso corpo espiritual, cada raio cósmico, cada átomo espiritual.

Viver na lei da correspondência é muito perigoso. Pois se não estivermos alertas e não olharmos imediatamente para as nossas agitações ou entregá-las a Cristo, continuaremos a construir sobre essas correspondências, ou seja, fardos, também chamados de pecado. Todavia, cada dia temos a oportunidade de descobrir a porção que devemos reconhecer neste dia. Isso vai desde o início da manhã até o final da noite.

Tantas coisas que vibram em nossa direção não nos irritam. No entanto, há muitas coisas que surgem em nosso caminho que nos fazem sentir uma sensação de formigamento por dentro; sentimos ressentimento, sentimos o aumento da agressividade, da inveja e muito mais. Vemos nosso próximo, gostamos de algumas coisas nele que não temos – segue a inveja, somos invejosos. Se não prestarmos atenção, esse impulso passará por nosso lado. No entanto, não foi abolido, apenas adiado. Sob certas circunstâncias, se remoermos a inveja, o que o nosso próximo tem e nós não temos, e possivelmente falarmos negativamente sobre ele, aumentamos esse complexo de "inveja" e em algum momento ele chegará a nós de forma bem mais intensa.

Portanto, os dias são um presente de Deus. E todas as manhãs ao acordar, podemos ter certeza: Deus nos colocou neste dia porque Ele tem muito a nos dizer neste dia, hoje. Se vivemos este dia conscientemente, então experimentamos as nossas correspondências, experimentamos lembranças e sentimos nas lembranças o que já descartamos. As correspondências nos agitam – as memórias nos permitem reconhecer com confiança com que esforços e tribulações nós descartamos aquilo que ressoa em nós. Disto também resulta em compreensão para com os nossos semelhantes que ainda lutam com o complexo que superamos com muito esforço. Disto resulta a autoconfiança espiritual e a atitude interior de ajudar o nosso próximo até onde nos é possível – em oração, com palavras encorajadoras ou com impulsos corretos que chamam a sua atenção cuidadosamente para como nós lidamos com esse problema para superá-lo.

Recebemos diariamente apenas tanto quanto podemos suportar, a menos que continuemos adiando e nos preocupando com aquilo que deveríamos olhar, aumentando assim a nossa correspondência, o nosso fardo ou o nosso pecado. Então pode chegar um momento em que este enorme complexo irrompa sobre nós, e no momento não sabemos então por onde e como começar a purificá-lo. Mas se no momento em que vemos várias correspondências ou um complexo inteiro que está vindo em nossa direção, orarmos e pedirmos: "Senhor, dê-me a oportunidade de ver como posso começar a esclarecer isso", então virá ajuda principalmente do nosso interior. De repente nos tornamos claros – do complexo de correspondências, uma parte vem em nossa direção, ou seja, sentimentos ou pensamentos desse complexo se intensificam em nós, e percebemos: "Ah, aqui tenho que começar a purificar agora".

No entanto, quando se trata de correspondências menores, muitas vezes apenas breves pensamentos negativos, podemos entregá-los a Cristo e enfrentá-los quando eles voltarem e dizer: "Não, eu não penso mais assim, estou conscientemente pensando positivo agora." Então Cristo transforma essa força negativa em energia positiva. Isso então resulta em que a luz do Redentor se torne maior em nós.

Quando temos trabalhado as nossas correspondências maiores com Cristo e as entregamos a Ele, essas correspondências se tornam memórias. Se o mesmo ou algo semelhante vibra a nós, então experimentamos em nós mesmos: permanecemos calmos e autoconfiantes, e ao mesmo tempo vem o impulso: "De fato, eu superei isso". E então sentimos em nosso interior como pudemos superá-lo: vêm aspectos de como abordamos o todo, toda a correspondência, e o purificamos com Cristo. Desta forma, podemos, por sua vez, ajudar o nosso próximo que está na mesma situação ou em uma situação semelhante.

Chegamos a outro tópico:

Como me torno pacífico?

Muitas vezes queremos alcançar a paz interior muito rapidamente porque no final é a discórdia que nos incomoda. A nossa alma anseia por paz, por segurança – mas o ser humano geralmente faz o oposto. Por quê?

A base para obter a paz em nós mais rapidamente poderia ser a confiança em Deus? Pensemos sobre isso: Por que atacamos o nosso próximo em muitos casos, por que brigamos com ele? Dizemos que são as nossas correspondências. Sim, de fato, são as nossas correspondências, mas se confiarmos em Deus, nos tornamos calmos e podemos falar com calma e clareza com o nosso próximo. A base para alcançar a paz mais rapidamente é, portanto, a confiança em Deus.

No entanto, se temos pouca ou nenhuma confiança em Deus, então surge mais e mais medo, e do medo vem a agressão, e da agressão a luta – e no final, a guerra.

Quando temos confiança em Deus, podemos dizer aquilo que nos comove em um tom diferente. Pensemos na palavra "comove". Movemos algo e, em última análise, é a correspondência. Se agora formos a Deus com esta correspondência e dissermos: "Senhor, é uma correspondência, mas não quero dizer ao meu próximo como isso me vem agora, confio em Sua orientação", então uma certa suavidade vem nesse momento no nosso interior, e de repente sentimos como expressar o que está dentro de nós em outras palavras, e nosso próximo entende e pode responder às nossas palavras. Há uma comunicação positiva, e algumas coisas podem ser esclarecidas muito bem dessa maneira.

Jesus, o Cristo, diz: *"Fazei-vos como crianças"*. Tomemos este pensamento: Fazei-vos como crianças. Então, assim que nos tornamos como crianças, nosso Pai Eterno também está mais perto de nós. Se desligarmos um pouco mais o nosso intelecto e nos virmos não apenas como seres humanos, mas também como o filho de Deus que ama o Pai acima de tudo, então também podemos encontrar o nosso Pai mais como crianças.

Vamos supor o seguinte: Algum pensamento nos vibra, ou algo nos é dito – nesse momento a correspondência sobe, raiva ou agressão ou inveja, ou seja lá o que for. Se dissermos ou chamarmos para dentro muito brevemente: "Pai, não assim!", isso significa: "Não do jeito que eu quero que saia agora!" – no mesmo momento a força vem e sentimos que podemos lidar com essa correspondência mais facilmente ou podemos ir ao encontro de nosso próximo com palavras bem diferentes.

A ajuda está aí – e com isso, também sentimos o quão próximo Deus, o espírito de nosso Pai eterno, está de nós. E esse sentimento dá confiança sempre de novo para deixar tudo o que nos oprime a Ele ou para chamar a cada onda de correspondência: "Pai, assim não!"

A paz vem da confiança, e a paz por sua vez, contém a autoconfiança de estar acima do que é humano e olhar mais de perto para nós mesmos e purificar mais rapidamente o que ainda é humano em nós. Deixemos o Pai agir em nós e vamos nos esforçar para ser mais como crianças, não o infantil, mas o filho; chamando o "Pai" – e então o espírito de nosso Pai Eterno atua em nós.

O subconsciente causador de doença e a vida

Do seminário do mesmo nome com Gabriele
No ano de 2002

Muitos de nós sabemos que pensamos e falamos por imagens e que estas têm conteúdo. No entanto, raramente experimentamos o nosso comportamento em forma de imagens. Por que isto é assim?

Por um lado, os nossos pensamentos correm muito rápido, por outro lado, geralmente falamos muito rápido e incontrolavelmente. Portanto, não nos é possível questionar os nossos pensamentos e conversas a fim de compreender o que eles podem desencadear. Por causa disso, geralmente não sabemos o que estamos armazenando. Muitos de nós também conhecem os conceitos "consciente", "subconsciente" e "superconsciente", igual à "consciência espiritual". Mas essas palavras muitas vezes nos dizem pouco – precisamente porque estamos satisfeitos com expressões idiomáticas, termos e frases sem tentar compreender o seu sentido e significado para nós.

Vamos conscientizar-nos de que pensamentos e palavras ou termos são formas, ou seja, cápsulas, invólucros, por assim dizer. Nelas está o essencial, o seu conteúdo que se expressa em imagens. Por trás de todos os nossos pensamentos e palavras correm imagens, sequências de imagens, que armazenamos pictoricamente no consciente e no subconsciente, também em nossa alma e além disto, nas constelações planetárias correspondentes.

A maioria das pessoas não se dá conta de que está armazenando e do que está armazenando. Nosso cérebro, o consciente e o subconsciente, é um meio de armazenamento que armazena imagens de acordo com o conteúdo de nossos pensamentos e palavras, dos quais resulta todo o nosso comportamento.

Temos que distinguir entre armazenamento no consciente e armazenamento no subconsciente. As imagens no consciente são moldadas por nosso mundo ilusório. O mundo de imagens do nosso consciente inclui o que pensamos de nós mesmos, o que pensamos que representamos e somos, isto é, o que imaginamos que somos. Essas imagens nos enganam.

O subconsciente, por outro lado, não aceita as nossas ilusões, por exemplo, quão bons e nobres somos. Ele armazena precisamente – sem qualquer influência – e pictoricamente o verdadeiro conteúdo de nossos pensamentos, palavras e ações; aquilo que queremos esconder dos outros e de nós mesmos, os nossos impulsos, sentimentos, reivindicações e ambições ignóbeis. É o subliminar que não gosta de ser visto, ou seja, de ser reconhecido com clareza, porque isso iria nos expor. O subconsciente é incorruptível. Também não se engana quando reflete o nosso demasiado humano ou memórias do nosso passado.

Como resultado, o consciente e o subconsciente estão na maioria das vezes em desacordo. O consciente armazena o nosso mundo imaginário, isto é, o nosso mundo ilusório que é o que acreditamos ser. O subconsciente não discute nem usa tática, ele não põe na balança – ele só reage; no ritmo dos dias ele emite o que gravou, e isso em imagens.

Nossa consciência é a balança de sentimentos entre o subconsciente, a alma e o superconsciente, a consciência espiritual. A superconsciência, a consciência espiritual em nós, é o eternamente puro; é o núcleo do ser, é o espírito de Deus em nós que coloca as leis do universo na balança, em nossa balança de sentimentos. Se não aprendemos a questionar e analisar o que o nosso consciente muitas vezes nos leva a acreditar, então suprimimos a nossa consciência; torna-se inerte e entorpecida.

Vamos nos conscientizar: Se Deus, a consciência espiritual em seres humanos, também chamada de superconsciente, não pode colocar nenhum impulso de advertência ou ajuda na balança da consciência e na balança de sentimentos, pois não questionamos e analisamos os nossos pensamentos, palavras e comportamentos, portanto, não entendemos o que gravamos no subconsciente para ser remediado a tempo, então bloqueamos a balança de sentimentos, a balança da consciência, e trabalhamos exclusivamente com o nosso consciente. No entanto, este continuamente nos dá desinformação – pensamentos, palavras e comportamentos, dos quais estamos convencidos de que são corretos. Acreditamos que isso é a verdade. – No entanto, é apenas uma realidade ilusória que criamos para nós mesmos, que inclui tudo o que só foi aprendido e todo o saber que adquirimos lendo.

Já pelas nossas frases vazias, como "presumo que seja assim" ou "eu acho que" ou "na minha opinião" etc., podemos ver que carecemos de autoconhecimento e de pensamento analítico. Com estes clichês que são expressões idiomáticas com conteúdos que nos correspondem, dizemos que não nos compreendemos, que estamos a dizer ou a pensar algo de que "não temos nem ideia".

Quem vive neste auto-engano, muitas vezes se considera inteligente e sábio. Ele não treinou a sua consciência. Ele não quer se olhar, não quer se analisar. Tais pessoas desperdiçam a sua existência. Tudo o que eles precisam é a auto-adulação que gravaram no seu consciente, com a qual estão constantemente em correspondência até que um dia o subconsciente está cheio e então se mostra como golpe do destino.

Todas as células, todos os tecidos celulares, os órgãos e todos os outros componentes do nosso corpo têm uma chamada consciência composta que também consiste em consciente, subconsciente e superconsciência, ou seja, consciência espiritual. O nosso mundo de imaginação, tudo o que damos de nós mesmos de maneira descontrolada, é armazenado pelo consciente naqueles componentes do nosso corpo que em termos de vibração, correspondem ao nosso pensamento, falar e agir complexos e superficiais. O armazenamento ocorre de acordo com o princípio igual atrai igual. O subconsciente, por outro lado, armazena o conteúdo de nossos padrões de pensamento e comportamento nos componentes correspondentes de nosso corpo. Assim, reconhecemos que o nosso organismo e todas as funções do nosso corpo estão em comunicação constante com o nosso cérebro, o consciente e o subconsciente, e que há um armazenamento constante, impresso em nosso corpo por meio de nosso sentir, perceber, pensar, falar e agir.

E quanto à consciência espiritual em cada célula do nosso corpo? Esta é uma autoridade absoluta que não pode ser influenciada. A consciência espiritual é a fonte primordial, o Ser Deus, a lei absoluta. Portanto, a consciência espiritual não pode ser enganada nem pelo consciente nem pelo subconsciente. É absoluta e perfeita; é a ajudante, a admoestadora, a guia em nós.

Se não aprendemos a ouvir a superconsciência, a consciência espiritual; se não deixamos a balança, o sentimento, a consciência, pesar e falar; portanto, se não nos questionamos, e se não nos arrependemos, purificamos e dissolvemos com a ajuda de nosso Guia e Ajudante Interior o que está em nós contra o divino – então o subconsciente gradualmente se preenche e se torna autônomo.

Um subconsciente autônomo desligou em grande parte a balança dos sentimentos e da consciência. Ele apenas atua. Isso significa que o consciente dificilmente pode mais dar ordens ao subconsciente. O subconsciente tornou-se independente.

O subconsciente autônomo não tem pensamentos, não tem treinamento de consciência – ele realiza. De acordo com as nossas entradas energéticas negativas, ele tem um impacto em nosso corpo, nos órgãos e componentes com os quais está mais intensamente em correspondência.

As energias negativas têm um efeito negativo correspondente. As entradas negativas do ser humano como a inveja, a arrogância, o querer ser e ter, mas também a auto-comiseração, a resignação, o fatalismo e os medos, transformam para baixo a vibração de certos órgãos do corpo que com isto são enfraquecidos e prejudicados na sua função. Como resultado, esses órgãos não podem mais desempenhar as suas funções como pretendido, o que pode levar a doenças.

Outras áreas de nossa vida terrena também podem ser afetadas pelos efeitos das energias negativas que criamos nas pré-encarnações e nesta encarnação por meio de nosso comportamento negativo – dependendo de quais gravações estão ativas. Preocupações, golpes do destino, sofrimento e todos os tipos de desavenças podem aparecer. Pode haver diferentes tipos de gatilhos em cada caso, mas o culpado sempre somos nós mesmos.

Em vez de questionar os inícios das primeiras perturbações que nosso corpo nos transmite, por exemplo, de se arrepender de posturas incorretas que foram reconhecidas, purificá-las com a ajuda do Ajudante e Conselheiro interior e não repetir o mesmo erro; em vez de afirmar o lado positivo dos sintomas e assim mobilizar as forças de autocura, nós afirmamos os distúrbios e a doença incipiente em nosso corpo.

Frequentemente, cismamos sobre preocupações e problemas até que se tornem um terreno fértil para doenças. Com os nossos pensamentos inquietantes atraímos os germes correspondentes. Se uma pessoa dizima a vibração de seu corpo girando em torno de si mesma, o cérebro também é capaz de produzir cada vez menos desempenho. Surgem estados de fraqueza de todos os tipos. Na velhice o corpo fica mais rígido, as pernas não funcionam mais direito. A letargia do cérebro é sentida em todo o corpo.

Nós continuamos a afirmar esses fenômenos que são uma mudança incorreta do nosso pensar e agir e que o subconsciente autônomo transmite ao nosso corpo quando continuamente nos lamentamos dos nossos males e reclamamos de que ninguém nos ajuda – nem mesmo o médico. – Como pode o médico nos ajudar? Pode nos tornar saudáveis se continuarmos a fortalecer e a reforçar constantemente o que flui de nosso subconsciente autônomo lamentando, reclamando e, assim, colocando todo o nosso corpo em uma vibração que causa mais enfermidades, dificuldades e doenças?

Nossa vida terrena é preciosa! Dia após dia, Deus, o Eterno, dá a cada um de nós a Sua alta energia para que possamos reconhecer e superar fardos, energias negativas que criamos nas pré-encarnações e nesta vida terrena para crescermos cada vez mais para dentro da vida em Seu espírito.

Mas se usarmos a força espiritual que nos foi dada para deixá-la fluir para dentro do negativo e egocêntrico, isso é um abuso desse dom divino que não nos traz a salvação.

É assim que frequentemente tratamos a nós mesmos e ao dom de nossa vida terrena com demasiada negligência, afirmando repetidamente a doença, o sofrimento, os problemas, o destino e assim por diante. Nós giramos em torno de nosso ego desperdiçando muita energia divina e reduzindo a nossa atividade cerebral. Portanto, não é surpreendente que nos queixemos de dores de cabeça e esquecimento ou de nervosismo e insegurança.

Além da perda de memória, que pode ter sido causada por danos cerebrais, cada um de nós tem uma atividade cerebral, uma capacidade de memória de poder inimaginável. Claro, o cérebro deve ser treinado de maneira positiva.

Muitas vezes ouvimos: "Ando meio esquecido". Ou: "Não consigo me lembrar dos números". Ou: "Não consigo me lembrar do que você diz, tenho que anotar". Ou: "Estou muito cansado para pensar sobre isso." O esquecimento vem da indiferença. Aceitamos o que os outros nos dizem sem refletir e sem interesse.

Se investigarmos a indiferença, inevitavelmente encontraremos o nosso egocentrismo. Temos o nosso próprio bem-estar aparente, os nossos interesses, o nosso benefício em mente – não nos importamos como os nossos semelhantes se sentem. Essa é a indolência e a frieza de coração de que sofre a humanidade.

Tudo o que é negativo é uma autossugestão negativa, uma marca do nosso subconsciente. Com isso bloqueamos processos em nosso organismo. A inércia de nossa disposição nos leva a afirmar o negativo ou a abusar de outros para os nossos propósitos. Isso já acontece quando dizemos, por exemplo: "Por favor, lembre-me, porque eu esqueço tão fácil", ou quando dizemos: "Tenho que anotar isso para não esquecer", ou "Sim, você disse algo semelhante a mim; eu esqueci". São afirmações adversas que retardam a atividade da nossa memória, ou seja, diminuem a atividade cerebral. Com isto, estamos no final ordenando ao subconsciente que enfraqueça o nosso corpo, que reduza o desempenho dos órgãos.

Não esqueçamos que o que está ativo no subconsciente também está em movimento em nossa alma e no depósito da constelação planetária correspondente. Se afirmamos a nossa indisposição e a nossa doença, armazenamos incansavelmente no consciente. Existem outras posturas incorretas iguais a comutações erradas. Gravamos o fortalecimento da doença, gravamos o conteúdo da doença, da fraqueza e muito mais.

Devido ao fato de que o nosso mundo de pensamentos e as nossas formas de falar são divididos, ocorre um erro de comutação em nosso cérebro; as forças positivas mal utilizadas levam ao cansaço, fraqueza e mau desempenho; o desânimo resultante disto leva ao fracasso, esquecimento, negligência e muito mais. Devemos aprender a questionar as nossas formas divididas de pensar e falar, reparar os erros de comutação em nosso cérebro, isto é, dissolvê-los passo a passo com o espírito da vida e gravar no nosso cérebro as forças positivas que nós afirmamos sempre de novo, ou seja, especificar consciente e sistematicamente até que o novo programa positivo funcione no cérebro e no corpo.

Deve-se repetir: O material em forma de imagens que armazenamos no subconsciente através de nosso sentir, perceber, pensar, falar e atuar de forma negativa diariamente, também armazenamos em nossa alma e na constelação planetária correspondente do cosmos material e imaterial dos planos de purificação. Desses armazenamentos resulta a imagem matriz no cosmos material – o novo ser humano para uma futura encarnação. Nesta nossa encarnação, o subconsciente reflete parte da nossa imagem matriz. É, portanto, o reflexo do nosso corpo em uma das nossas próximas encarnações.

Vamos nos recordar novamente: No consciente estão as nossas entradas voluntariosas, ideias e pontos de vista que são enganosas; são programas de ilusão. Acreditamos que somos o que pensamos, dizemos e fazemos.

O subconsciente, por outro lado, armazena o conteúdo daquilo que expressamos. Isso pode possivelmente nos deixar doentes como resultado.

O superconsciente, a consciência espiritual, é a vida, é a nossa verdadeira e eterna realidade.

Vamos nos conscientizar do seguinte novamente para imprimi-lo em nós: Começando pelo cérebro, todas as instruções são transmitidas através do sistema nervoso aos músculos, órgãos, a cada célula, a cada vaso sanguíneo, a todos os componentes do nosso corpo. Todas as funções do nosso corpo são determinadas pelo consciente e inconsciente. Cada função, cada célula do nosso corpo está em correspondência com o consciente e o subconsciente.

Como já foi mencionado, cada célula do nosso corpo também possui o superconsciente, a consciência espiritual. Se o espírito de Deus não pode nos alcançar porque não nos voltamos para Ele, ou seja, não dissolvemos os bloqueios, as negatividades no subconsciente e na nossa alma, então experimentamos os nossos golpes do destino até a doença mais grave.

Costumamos dizer: "Eu afirmo a saúde em mim mesmo". Essa afirmação é certa e boa. Mas temos que nos perguntar: O que gravamos em nosso subconsciente durante anos, durante décadas? Ele recebe a nossa afirmação ou emite o oposto de maneira autônoma?

Com o treinamento do cérebro, a inversão da polaridade de nosso consciente e subconsciente poderia ser estimulada, de modo que o subconsciente patogênico receba os sinais positivos correspondentes da consciência e gradualmente se adapte a eles.

O pré-requisito para que algo mude em nós é o reconhecimento do que precisa ser mudado. Portanto, é importante questionar o nosso pensar, falar e agir para entender gradualmente quem realmente somos e o que está armazenado em nosso subconsciente, o que pode ter um efeito massivo em nosso corpo.

O treinamento do cérebro é amplamente determinado pela direção do pensamento. Enquanto o nosso pensar for negativo, dirigimos os impulsos cerebrais na direção errada. Não apenas desperdiçamos energia, mas também ficamos doentes.

Se quisermos treinar o nosso cérebro positivamente, precisamos tomar tempo. Se, por exemplo, afirmamos a saúde do nosso corpo, a saúde de certos órgãos, então devemos parar em cada afirmação e esperar a reação do nosso corpo.

Se praticarmos este primeiro passo, logo notaremos um movimento em nosso plexo solar, uma espécie de "resmungo". Nosso sistema nervoso sinaliza, por exemplo, que o subconsciente está enviando outros impulsos. Se tomarmos tempo para perceber esses impulsos nervosos no consciente, então podemos vivenciar imagens – imagens do subconsciente, o conteúdo de nosso comportamento do qual antes não estávamos cientes, mas que são decisivos, por exemplo, para problemas cardíacos, problemas estomacais e coisas semelhantes. Devíamos deixar que essas imagens trabalhassem em nós para poder examiná-las mais de perto. As imagens afetam a nossa disposição. Gradualmente, o que está incomodando o nosso corpo se cristaliza.

Se com a ajuda do Ajudante e Conselheiro Interior, nos arrependemos e purificamos as posturas e circuitos errados e não pensamos e fazemos mais o mesmo e coisas semelhantes, então desenvolvemos a sensibilidade que se volta ao interior. O resultado é que a balança dos sentimentos e da consciência vai se formando novamente. Então o espírito de Deus em nós é capaz de colocar a Sua ajuda, a Sua cura, mas também os Seus impulsos admoestadores nesta balança, porque nós O permitimos e estamos dispostos a aceitar e usar a Sua força.

Por meio de uma afirmação consciente que vai de mãos dadas com a purificação do demasiado humano que então surge, experimentamos uma maior dinâmica de nossa atividade cerebral, o que leva a um aumento de energia no corpo.

Aqueles que olham mais profundamente, que se questionam, não serão enganados pelo seu subconsciente. Então é treinar o cérebro, explorar o subconsciente, deixar as imagens virem, olhar para elas, para purificar o que nos prejudica com a ajuda do espírito de Deus.

Repito: Através de um treino espiritual saudável do cérebro ativamos as forças de autocura para que consigamos um aumento de desempenho, bem-estar e saúde. Não esqueçamos: As pessoas espiritualmente ativas desfrutam de um bom estado geral.

Devemos estar atentos todos os dias:

Cada pensamento pressiona em ser realizado em nosso entorno e também em nosso corpo.

Mas também estejamos cientes de que com cada pensamento positivo verdadeiro, com cada palavra integral e legítima e com cada ação de acordo com a vontade de Deus, não apenas fortalecemos a nossa memória, mas também ativamos o nosso consciente e subconsciente em um sentido positivo e fortalecemos o nosso corpo. Isso também significa que o campo de força, a nossa aura, se torna mais luminoso e brilhante e, portanto, um ímã para outras forças positivas.

A nossa existência terrena, que do nosso ponto de vista humano consiste em dias, é o melhor mestre. O ser humano pode ser capaz de aprender desde o nascimento até a morte, se estiver disposto a aprender.

Aprender também significa mudar os pensamentos, significa prática e treinamento consistente para mostrar repetidamente o caminho certo ao pensamento errado e, assim, alcançar a reprogramação positiva por meio da força de vida.

Devemos aprender a afirmar o bem, mas olhar para o negativo, removê-lo com a ajuda da consciência divina em nós e não mais fazê-lo. Se reconhecemos algumas coisas negativas e nos arrependemos e as purificamos com o Espírito eterno, então entraremos o positivo em nosso consciente. Se nos mantemos na afirmação da vontade de Deus, com o tempo o nosso subconsciente reagirá e transmitirá ao corpo os aspectos positivos que emanam de nós.

Uma grande ajuda para um estilo de vida alerta, concentrado e consciencioso seria adotar uma postura interna e externa correspondentemente ereta pela manhã e manter essa posição ao longo do dia, se possível. Se os processos do nosso pensar, falar e agir forem realizados de forma disciplinada, se nos esforçarmos para enfrentar as mudanças das situações cotidianas de maneira recolhida, consciente e direta, economizamos muita energia e permanecemos calmos, equilibrados e renovados até tarde da noite.

Por exemplo, poderíamos nos propor:

O que você pensa, pense inteiramente.

O que quer que você diga, diga conscientemente.

Faça o que fizer, esteja totalmente focado. Esteja inteiramente com tudo, com os seus pensamentos, palavras e atos.

Devemos aprender a não nos distrair com nada nem com ninguém. Só assim aprendemos a concentração intensa. Aquele que permanece recolhido também permanece espiritualmente desperto. Ele abre o seu consciente e subconsciente para o superconsciente, o Espírito. Nenhuma sugestão estranha pode atingi-lo.

Desta forma, invertemos o subconsciente para o positivo, para que o positivo, as forças de cura e de ajuda em nosso corpo se tornem ativas e aprendamos a entender a linguagem dos órgãos. Enquanto aprendemos a ativar o nosso cérebro de forma positiva, a fortalecer a nossa memória, experimentamos o estado de alerta espiritual e, acima de tudo, a concentração. Isso resulta em um amplo espectro de receptividade que experimentamos em imagens vívidas.

Vamos recapitular o seguinte:

O treinamento positivo consciente do nosso cérebro aumenta a capacidade de retenção e a memória. Um cérebro espiritualmente eficiente desenvolve o pensamento criativo e o estado de alerta para receber o superconsciente, a consciência espiritual.

Podemos nos colocar à prova. Vamos nos perguntar: E quanto à nossa capacidade de retenção e lembrar? Podemos nos lembrar das pessoas e quando elas disseram algo e o que disseram? Podemos nos lembrar de experiências individuais com outras pessoas? Como foram as nossas reações e o nosso comportamento? Existem muitas maneiras de verificar o que e quanto a nossa memória armazenou.

Se treinarmos o nosso cérebro para ser positivo, obteremos tranquilidade interior. Daremos descanso ao nosso corpo quando for a hora certa. Iremos ouvir a linguagem do nosso corpo e comer alimentos saudáveis. Pouco a pouco, faremos o nosso trabalho com o superconsciente, o Espírito dentro de nós, e nos concentraremos em tudo o que estivermos fazendo.

Um cérebro positivamente ativo, uma memória saudável e consciente é um grande tesouro, um ajudante no nosso trabalho, na família, em tudo o que pensamos, falamos e fazemos. Tornamo-nos perceptíveis, energéticos e com vontade de agir, receptivos e abertos para as grandes coisas da vida. Sentimos o bem-estar do nosso corpo. Notamos as correntes saudáveis que também são correntes curativas. Somos aprendizes rápidos e de alto desempenho, pensadores conscientes e oradores que agem de acordo com o Espírito.

Abaixo estão alguns exemplos, perguntas dos participantes do seminário e respostas de Gabriele, que também podem ser de grande ajuda aos leitores:

Pergunta: O consciente serve para absorver a minha "aparência", e o subconsciente, o negativo. Na verdade, eu assumi isso. Mas o subconsciente também absorve o positivo quando eu comparo isto...

Gabriele: O subconsciente absorve o positivo por um tempo até que o negativo também é transformado em positivo na alma e na constelação das estrelas. Então o negativo é apagado no subconsciente.

O que é importante para o nosso futuro fica no subconsciente como lembrança, mas não como culpa. O negativo que é transformado em positivo no subconsciente por meio de nosso arrependimento e purificação - com a ajuda do Cristo de Deus - deve se transformar gradativamente também no corpo físico. O positivo no corpo também tem um efeito de ajuda e cura. É o poder de Cristo.

Este processo de transformação, de apoio abre caminho para a consciência espiritual, para o espírito de Deus, que então é capaz de nos conduzir cada vez mais.

Pergunta: Quando entro em uma situação, meu subconsciente me controla, às vezes mais, às vezes menos. É assim que eu vivencio. Em seguida, ele me fornece os negativos que inseri.

Gabriele: Aqui temos que estar atentos e fazer uma distinção: É o consciente que confirma os nossos pensamentos atuais? Ou é o subconsciente que diz algo completamente diferente?

Portanto, existem dois componentes. O consciente confirma o nosso modo de pensar; são as cascas, os invólucros de nossos pensamentos, aquilo que acreditamos ser. O subconsciente, por outro lado, envia outros sinais. Ele nos transmite quem realmente somos, o que está traquinando em nossos pensamentos e ideias. Em tais situações, percebemos que estamos divididos em dois. Se estivermos atentos, logo percebemos que o subconsciente é mais forte que o consciente.

Temos que aprender a compreender a nós mesmos, por exemplo, o que pensamos no consciente e o que corresponde ao conteúdo de nossos pensamentos e palavras. Lembremo-nos: O conteúdo do nosso pensamento e da nossa fala, de todo o nosso comportamento, é armazenado no subconsciente. Todo o restante são apenas cascas de palavras ou pensamentos que o consciente armazena.

A nova pessoa – Como posso permanecer fiel às minhas resoluções?

De uma hora de ensino dada por Gabriele em 7 de janeiro de 1996

Fazer uma resolução significa: Colocamos algo à nossa frente, propomos algo a nós mesmos. Se propomos de fazer algo, então não o fizemos ainda. E isso é decisivo: o que queremos fazer diferente agora? E como o fizemos nos últimos anos?

Um diz: "Quero parar de fumar". O outro diz: "Quero praticar a disciplina" ou "Quero me aproximar de Deus".

Sempre ouvimos o "querer". Mas isso ainda não significa "eu sou disciplinado", "eu parei de fumar", "estou em Deus" ou "estou mais perto de Deus". Portanto, o "querer" nos diz que ainda não somos o que resolvemos ser. Portanto, o propósito é uma intenção.

E devemos nos empenhar para esse propósito todos os dias. O propósito deve permanecer em nossa consciência. Ele deve estar ancorado no consciente, bem como no subconsciente. Não podemos fazer isso dizendo hoje: "Quero ser mais disciplinado" ou "Quero estar mais perto de Deus". Esse "eu quero" deve estar diante de nossos olhos a cada momento quando voltamos aos nossos velhos hábitos. Tem que ganhar vida no consciente e no subconsciente. Somente quando ela ganhar vida no consciente e no subconsciente, então também temos a força para remediar o que está por trás da resolução, ou seja, a negligência, a falta de disciplina, a indiferença, a distância de Deus e muito, muito mais.

Se nos propusermos algo então o que fizemos até agora não irá sumir. Deve e tem de ser trabalhado, porque não queremos mais fazê-lo. Para parar de fazer isso temos que fazer um esforço e declarar guerra ao "velho Adão". É uma luta, mas vale a pena lutar, ou seja, quando absorvemos o positivo, isto é, esses pensamentos positivos, as entradas positivas, como uma advertência em nosso consciente e no subconsciente. A conexão com Cristo então nos dá força para trabalhar o que ainda está aí, o que está no "eu quero". Isso significa: O que queremos remediar ainda está no consciente e no subconsciente e, em última análise, também na nossa alma e além disso, nos astros, porque essas são as entradas que são baseadas em nosso sentir, perceber, pensar, falar e atuar.

Queremos fazer tudo diferente, temos escolhido uma boa resolução. E esta resolução deve primeiro ganhar vida. Portanto, todos os dias, primeiro à noite, antes de ir dormir, temos que pretender para nós mesmos esta boa resolução cristã – eu agora digo conscientemente "resolução cristã" que está, portanto, nos mandamentos, nas leis de Deus. Se pretendemos para nós essa resolução cristã, primeiramente à noite, então primeiro o subconsciente assume essa resolução e, então, gradualmente, a alma. Quando dormimos profundamente, a alma segue o seu caminho nos mundos do além de acordo com o nosso estado de consciência, mas ela tem esse propósito com ela e se confrontará com esse propósito nos mundos do além. Em certas circunstâncias ela pode encontrar pessoas que pensam da mesma forma, ela chega a uma esfera vibracional na qual ouve sobre essas coisas, de como pode realizar o propósito cristão nas vestes terrenas. Com essas experiências dos mundos do além, ela volta quando o nosso sono se torna mais superficial; e quando despertamos, ela está no corpo.

Temos introduzido a resolução no consciente e no subconsciente. Portanto, ela está lá como um ímã e atrai aquilo pelo que a alma trabalhou em seu caminho quando estávamos profundamente adormecidos, no subconsciente e depois no consciente. De repente, pensamentos positivos surgem. De repente pela manhã, sentimos: há algo em nós que nos dá nova força, nova coragem. Pedimos na manhã a Cristo que possamos manter este propósito neste dia, poder transferi-la à prática e colocá-la em prática. Portanto, retomamos esta resolução cristã em nossa oração pela manhã. Então, não é apenas um pensamento que nós em algum momento escolhemos, como por exemplo: "Eu quero me aproximar de Deus", senão que esta resolução gradualmente se aumenta: Como eu me aproximo de Deus? O que vou fazer hoje?

De repente, surgem problemas durante o dia. A nossa resolução, que se aumenta cada vez mais, que ganha vida cada vez mais em nosso consciente e subconsciente, nos adverte e nos conduz na conversa, possivelmente nos leva a uma solução legítima.

Se esquecemos a nossa resolução por volta do meio-dia – fazemos isso quando ela ainda não ganhou vida em nosso consciente e subconsciente – então devemos nos retirar brevemente e novamente introduzir esta resolução – eu enfatizo, esta resolução cristã, ou seja, de acordo com o mandamento do amor a Deus e ao próximo – para nos tornarmos cientes: "Eu agora gravo esta minha resolução em meu consciente e em meu subconsciente, e também na minha alma e a entrego à minha alma para levar consigo." No mesmo instante, isso conduz à comunicação com o espírito do Cristo de Deus em nós. E então não apenas repetiremos a nossa resolução, mas também dirigiremos algumas orações sinceras a Cristo, pensamentos sinceros de oração. Se for apenas cinco ou sete minutos na hora do almoço, isso é o suficiente. Se for apenas três minutos – é o suficiente. Se esses três minutos forem profundos, teremos feito mais pela nossa alma e corpo do que se nos sentarmos por dez minutos para uma meditação superficial e simplesmente repetimos o que propusemos a nós mesmos no consciente. Portanto, recuperamos as forças para a tarde, e a nossa resolução entra em vigor. Cristo torna-se vivo em nosso propósito e é o admoestador. Ele é também aquele que nos lembra, que sempre – quando caímos em nossos velhos hábitos – nos adverte, e ao mesmo tempo nos dá impulsos, por exemplo, sobre como devemos nos comportar no local de trabalho, como podemos começar e encerrar este trabalho. Ele nos dá força para o nosso trabalho. Ele nos encoraja nas conversas e muito mais.

À noite, pouco antes de ir dormir, introduzimos a nossa resolução novamente em nosso consciente e subconsciente e a entregamos novamente à alma para levar consigo em sua jornada. Se fizermos isso seriamente, se quisermos seriamente nos tornar em novas pessoas no espírito do Cristo de Deus, seremos mais fortes a cada manhã. Nossa alma ficará mais luminosa e ganharemos muito mais força. O nosso propósito ou resoluções então ganharam vida em nós. São os admoestadores, os guias, os condutores. As nossas orações se tornam mais profundas, os nossos pensamentos mais positivos, as nossas vidas mais conscientes. Mas então também temos a força para purificar tudo o que o dia nos mostra de pecaminoso porque as resoluções boas, de fato, cristãs, ganharam vida em nós. São aspectos do Cristo de Deus em nós que nos admoestam, que nos lembram, que nos guiam e que nos conduzem.

As resoluções são entradas, e as entradas são sismógrafos – elas procuram exatamente o que está por trás da resolução, o que poderia atrapalhar a resolução ou a atrapalhou. Se purificamos o que temos reconhecido com Cristo, então chegamos mais perto da realização do nosso propósito.

Uma resolução poderia ser, por exemplo: Temos que ser mais responsáveis por nós mesmos. Autorresponsabilidade significa que também somos responsáveis perante Deus pelo que pensamos, falamos e fazemos. No momento em que percebemos: "Sou responsável perante Deus por todos os meus pensamentos, palavras e ações", também iremos mudar a nossa vida no sentido positivo. Mas isso também significa responsabilidade para com o nosso próximo.

Agradar a Deus é uma elevada aspiração, e no entanto, alcançar a nossa herança divina é uma meta elevada. Se propusermos isso repetidamente em todas as situações, mesmo quando fica difícil: "Eu quero agradar a Deus", então a luz interior sempre nos dará a resposta: "Pare, agrade a Deus!" Essa é então a resposta de nosso propósito: "Pare, agrade a Deus!" E então também sabemos o que fazer.

Portanto, a nova pessoa. Como posso permanecer fiel às minhas resoluções? Como?

Mantenha-se às suas resoluções, Cristo lhe apoia!

A linguagem da alma por meio de sentimentos e do ânimo

Do seminário com o mesmo nome dado por Gabriele no ano de 2007

O amor a Deus e ao próximo é a gravação mais profunda da nossa alma, porque é o centro do nosso corpo espiritual, o coração do nosso verdadeiro ser.

O amor a Deus e ao próximo não oprime, nem o ser humano nem o animal.

O amor celestial não espera nada. É a palavra que só encontra expressão no fundo do coração interior.

O amor a Deus e ao próximo não prende.

Ele não julga nem condena.

Ele é impessoal.

A maioria das pessoas está em constante estado de expectativa. Para onde quer que olhem – sentimentos e pensamentos se agitam neles que contêm expectativas em relação aos outros seres humanos. Mesmo quando avaliamos um de nossos próximos, a expectativa é sempre central. Por exemplo, queremos "provar" a nós mesmos e ao nosso entorno que somos melhores que o outro. Seja homem ou mulher – eles querem ser mais bonitos, mais atraentes, mais atrativos e mais inteligentes que o outro.

As expectativas sempre correspondem ao amor-próprio. Queremos algo para nós mesmos e, em última análise, às custas da energia dos outros.

As nossas expectativas estão principalmente enraizadas em nossos sentimentos que podem gradualmente se desenvolver em paixão e amor excessivamente humano, dependendo do que temos introduzido no nosso consciente e subconsciente.

E muitas pessoas tem a experiência: a paixão cria sempre novos sofrimentos que no fundo são sempre os antigos.

Quem aprendeu a submergir-se na base primordial do seu verdadeiro ser, no amor a Deus e ao próximo, nada espera. Ele também não tem a marca de paixão, não importa de que tipo.

O verdadeiro amor não faz exigências porque possui o que muitas pessoas buscam dia após dia: felicidade interior, contentamento, segurança e outros valores inestimáveis.

O verdadeiro amor encontra conforto em Deus e recebe o bem-estar interior de Deus.

As pessoas que amam a Deus e ao próximo sentem-se apenas como "encorporadas" – elas vivem conscientemente em seu corpo humano como seres em Deus. Elas agem e trabalham por meio de seu "veículo", o corpo físico. Aquele que elevou a sua consciência ao infinito, ao divino, não pergunta quem ele é – ele o sabe; ele está ciente disso.

As pessoas que amam a Deus e ao próximo sentem o seu coração espiritual pulsar. Elas não desperdiçam energia porque o amor dá, porque o amor conforta, porque o amor ajuda.

Para aquele que vive como ser infinito em seu corpo, as reações de seu próximo mostram até que ponto ele pode ir de encontro ao seu próximo, seu semelhante, seja com ajuda, consolo e outras coisas mais.

As pessoas que amam a Deus e ao próximo estão sempre prontas para dar e ajudar no que o próximo desejar.

Quem aprendeu a viver no corpo físico como um ser espiritual está na onipotência de Deus e sente a corrente do poder cósmico, do amor e da sabedoria. Viver como um ser espiritualmente eterno em vestes terrenas significa ser sensível ao poder do Espírito e permeável ao divino, a corrente eterna.

Somente através da ordem e automonitoramento constante – o que poderia ser chamado de "disciplina" – e através da prática, a pessoa aprende e experimenta que seu verdadeiro ser não é deste mundo.

O que significa "disciplina"?

Disciplina significa: autodisciplina; o superar da nossa letargia e negligência humana, incluindo os nossos pensamentos demasiado humanos e tendências pecaminosas. Através da autodisciplina, da prática e do aprendizado espiritual, ao nos voltarmos para dentro, nos tornamos permeáveis ao poder da luz e nos tornamos o ser que vive conscientemente no corpo físico.

Alguns objetarão agora: "Mas não é muito difícil manter a ordem e a disciplina?"

No entanto, posso dizer: É muito possível! Pois Jesus falou a nós, humanos, de maneira semelhante: *Você deve ser perfeito, assim como seu Pai que está nos céus é perfeito.*

E se isso não fosse possível, então Jesus, o Cristo, não teria nos ensinado isso!

Sem devoção à ordem e autodisciplina – da qual resulta o aprendizado espiritual e, portanto, o crescimento espiritual interior – pensamentos negativos, palavras maliciosas, inveja, ressentimento, contenda e coisas semelhantes têm poder sobre nós porque os alimentamos com a mesma coisa repetidamente.

Para encontrar o amor a Deus e ao próximo, para encontrar a nossa verdadeira natureza, para que possamos aprender e experimentar que em nosso corpo existe um ser da onipotência e amor de Deus, devemos sobretudo superar os nossos hábitos demasiado humanos, em parte arraigados.

Superar não significa suprimir! Superar significa olhar para a tendência inpura, questioná-la, pesar o porquê e o como, para reconhecer e descartar o que não é bom. Nossos objetivos pessoais também são importantes aqui. *Para que* eu quero deixar isso?

Vamos nos lembrar do seguinte: Todos os sentimentos, pensamentos, palavras e ações negativos são impressos no subconsciente ao longo do tempo. Ao pensar e se comportar da mesma maneira sempre de novo, eles se enraízam cada vez mais profundamente nas células do nosso corpo. Essa marca precisa ser trabalhada.

Muitas pessoas afirmam a existência de sua alma que pulsa no corpo físico. Mas nós, humanos, mal conhecemos a linguagem da nossa alma.

Raramente ouvimos a nossa alma; acreditamos que é um ser mudo dentro de nós.

Nada, absolutamente nada em nossa existência é mudo! Cada raio de sol é uma revelação de Deus. As radiações de todos os planetas são palavras de vida. Cada folha imperceptível de grama é uma sinfonia da consciência do *Eu Sou*. Todo animal, grande ou pequeno, irradia a vida a partir da Toda-vida de Deus e sente que a força do Criador está pulsando nele.

O ser humano, por outro lado, é embotado, também no que diz respeito à sua alma. Nós, humanos, costumamos olhar apenas para o invólucro, para o corpo, para a matéria, também para os envólucros dos animais e das plantas. Não percebemos o que está acontecendo dentro deles.

Desde a queda dos seres divinos, a matéria sutil condensou-se e tornou-se matéria. O invólucro da alma, o ser humano e seu mundo tridimensional emergiram no caminho da condensação.

Nós, humanos, falamos globalmente de "matéria". No entanto, a matéria não é apenas matéria! Há uma matéria mais fina e uma matéria mais grossa e uma matéria muito grossa.

Pessoas que vivem cada vez mais na onipotência de Deus, no amor a Deus e ao próximo, percebem que pulsa neles o seu verdadeiro ser, o ser celestial. Tal corpo material é muito mais fino.

Em geral pode-se dizer: A consistência do corpo material humano muda como resultado da orientação do ser humano para o divino em sua alma. Com o aumento da devoção ao divino, o corpo físico gradualmente se torna mais fino. A estrutura de uma pessoa que apenas recentemente começou a tentar se aproximar de sua verdadeira natureza pode, portanto, ser caracterizada como "mais rude".

Acima de tudo, a matéria daquelas pessoas que se afastaram de Deus por causa de seus pensamentos e ações erradas é mais grossa e densa. Grosso – isto é, muito condensado, a ponto de quase estourar a densidade – é o ser humano que age brutal, agressivo e destrutivamente sobre pessoas, animais e plantas.

Como a pessoa encontra a linguagem de sua alma?

Por um lado, o amor a Deus e ao próximo quer chegar ao nosso corpo através da nossa alma. Por outro lado, a nossa alma também quer que nós, seres humanos, a ouçamos.

Se o nosso consciente e subconsciente ainda estiver muito sobrecarregado, então as partículas da alma estarão escurecidas de forma correspondente. Apesar dos diferentes graus de luz e sombra, a alma tenta nos alcançar.

Podemos ouvi-la através de nossos sentimentos, porque os sentimentos são, por assim dizer, o ponto de comutação entre a alma e o corpo físico. A alma se faz notar através da caixa de ressonância do "sentimento".

A alma não tem pensamentos. Ela não tem palavras. Ela se manifesta nos humores correspondentes provocados pelos acontecimentos do dia.

Os humores que nos permeiam todos os dias são muito diferentes, dependendo do que vemos, ouvimos, cheiramos, degustamos ou tocamos. Durante o dia experimentamos que através dos sentidos, chegam impulses de fora para o nosso nível de sentimentos. A alma responde por meio do sentimento e se comunica por meio dos humores correspondentes.

De manhãzinha, quando acordamos, a nossa alma já se anuncia. Um humor se desenvolve através de nossos sentimentos. Ou estamos de bom humor ou de mau humor. Estamos felizes ou estamos com raiva. Um está triste, o outro assustado ou preocupado.

Tudo é primeiro baseado no humor ou no ânimo. Eles vêm da alma através do nível de sentimentos. Assim que acordamos, a nossa alma fala conosco. Os humores primeiro têm as suas imagens. Se permitirmos que as imagens se aproximem de nós, podemos experimentar em nossos pensamentos o que é significativo para hoje.

A alma falou conosco.

Os sonhos também podem transmitir humores para o consciente e subconsciente.

Muitas vezes minimizamos o nosso sonho: "Bem, isso não passou de um sonho." – Todavia tudo, mas realmente tudo, quer nos dizer algo! Principalmente quando o sonho deixa humores.

Se um sonho ainda está "aqui", isto é, se as imagens de um sonho ainda estão aqui, notamos certos estados de espírito que vêm do sonho em nossa direção.

O sonho em si é principalmente simbolismo, assim como tudo o que fazemos é, em última análise, uma linguagem simbólica. O sonho também é um símbolo. Ele tem imagens que podem ser compostas de diversas situações. Mas o humor vem de um certo aspecto do sonho, e este aspecto pode ser uma ajuda para o dia.

Um estado de espírito do sonho torna-se em pensamentos e imagens, quando permitirmos. Se tentarmos deixá-los surgir pela manhã, quando esse estado de espírito vem do sonho, então esse estado de espírito surge em nossos pensamentos e sabemos aproximadamente o que ele está querendo nos dizer. Mas também vem em imagens durante o dia e nos mostra novamente o que o sonho estava desejando nos sinalizar; varia muito, mas muitas vezes um sonho é composto de diferentes situações, e uma situação define o humor.

A dor matinal também pode desencadear certos humores. Portanto, devemos dedicar um tempo para explorar o que o nosso humor quer nos transmitir – através do nosso consciente e subconsciente.

O seguinte se aplica a todo o instante:
Cristo em nós é quem nos ajuda.

O nível de sentimentos nos mostra pela manhã e ao longo do dia o que está acontecendo em nossas partículas de alma e em nosso subconsciente e consciente: alegria ou tristeza, medo ou preocupação, inibições ou compulsões.

Assim, o sentimento transmite a mensagem do dia para nós no estado de espírito. Os sentimentos, a mensagem da alma, às vezes pode ser muito urgente, especialmente quando ocorre uma sensação chamada de "inquieta" no plexo solar do sistema nervoso central. Isso geralmente é uma advertência ou uma chamada para despertar a alma.

É essencial saber: De nossas partículas de alma e do consciente e subconsciente, só vem à luz aquilo que o indivíduo pensou anteriormente e atribuiu a esses três componentes, alma, subconsciente e consciente.

Também as nossas ações erradas, tudo o que fazemos que não corresponde à nossa verdadeira natureza, vem da alma e se revela nos humores correspondentes.

Nós mesmos introduzimos cada estado de espírito – não importa quais imagens e pensamentos ele produza. A alma se comunica porque quer libertar-se do demasiado humano, do pecaminoso.

Tudo o que vem da nossa alma – positivo ou negativo – em última análise, somos nós mesmos. Nós mesmos o introduzimos primeiro no consciente. A menos que as entradas negativas sejam reconhecidas e purificadas muito em breve, elas se enterram no subconsciente e escurecem as partículas de nossa alma.

A chamada "consciência" também nos atinge a partir do nível de sentimentos.

Até a consciência tem humores. Por exemplo, há medo de algo – ainda não sabemos o que é, mas sentimos medo; nos sentimos ameaçados; nos sentimos impelidos; sentimos que dissemos ou mesmo fizemos algo que não apenas nos incomoda, mas também pode se tornar perigoso.

Somos levados por nossa alma a pormenorizar os humores no consciente, a olhar para os pensamentos que estão se desenvolvendo, para ver o que precisa ser remediado.

Os impulsos pormenorizados da consciência também nos ajudam a sentir remorso e a superar o mau com Cristo. Entre outras coisas, ajudam-nos a reconhecer a tempo possíveis perigos e a enfrentá-los de forma eficaz. É importante em cada caso que mudamos a nossa forma de pensar e paramos de pensar, falar e fazer coisas iguais ou semelhantes.

Mesmo que estejamos assustados com alguma coisa ou se as pessoas nos disserem algo que nos assuste, se o nosso sangue ferver e o nosso humor mudar, então podemos ter certeza: a nossa alma está enviando seus sinais.

O humor é mostrado em imagens ou pensamentos.

Sentimentos efervescentes ou depressão também são humores que têm determinado conteúdo.

Alguns dizem: "Não podemos nos dar ao luxo de ter sentimentos hoje em dia."

Os sentimentos, no entanto, nada têm a ver com o "sentimentalismo exagerado", baseado na autopiedade e na desvalorização dos outros. Se você desliga os seus sentimentos, desliga também a sua consciência.

Quem ignora esse nível torna-se com o tempo num assim chamado monstro que só desvaloriza os outros para trazer à tona o seu pessoal, o seu ego. Ele costuma usar táticas habilidosas e sempre para seu próprio interesse. Ser contra os outros é sempre ser egoísta para si mesmo, pelo seu demasiado humano, pelo seu ego. Isso pode dar ao indivíduo vantagens temporárias – mas feliz, verdadeiramente feliz a longo prazo, nunca ninguém se tornou com isto.

O sentimento é a conexão com a alma. E Cristo dá impulsos através do sentimento. Por exemplo, temos a sensação de algo, ainda não sabemos exatamente que sensação é, mas essa sensação entra em nosso mundo de pensamentos. Se questionarmos: "O que está em meus pensamentos?" e se pedirmos ajuda a Cristo, então o impulso vem do fundo da alma. As imagens se abrem em nós, outros pensamentos aparecem – e sabemos o que está no fundo disso em nós. Quanto mais nós nos exploramos vendo o que está no fundo e purificarmos isso e deixamos de fazer isso, mais a consciência se expande e aprendemos a entender o próximo. Mas se o nível de sentimentos estiver "fechado", o próximo não será compreendido, muito pelo contrário.

Assim, pode-se fazer a pergunta: Quem se entrepõem entre a alma e o ser humano? Quem está bloqueando o nível de sentimentos, a conexão com a alma e com Cristo?

Por um lado, somos nós mesmos por termos construido uma enorme parede. Ouvimos as leis da vida sempre de novo, conhecemos os Dez Mandamentos de Deus, conhecemos os ensinamentos de Jesus, o Cristo. Mas não começamos a realização, e isto, passo a passo. Não significa que devamos ter realizado tudo da noite para o dia. Não. Mas devemos dar os passos, todos os dias, rumo a Cristo em nós. Então o sentimento e a sensação se tornam cada vez mais vivos e descobrimos o que devemos purificar para nos aproximar d'Ele e também para entender o nosso próximo. Então o dogmatismo se dissolve e a a justiça toma lugar. Porque o sentimento pesa e a sensação mede. Então isso significa que há um chamado sentimento incômodo e percebemos: há also aqui que nos quer dizer algo. Se purificarmos o nosso demasiado humano, o nosso pecaminoso, e se não o fizermos mais, teremos acesso ao nosso nível de sentimentos. Temos acesso a Cristo em nós. Se não fizermos isso, vamos construir um bloqueio. E esse bloqueio pode ser um muro entre a alma e a pessoa. Então somos um monstro, por assim dizer – apenas golpeamos ao nosso redor.

Percebemos o quão importante é o sentimento em nós, a porta para a vida, para Cristo – e também de Cristo para nós.

O Telefone de Cristo – uma linha direta para "por favor" e "obrigado"

De uma lição dada por Gabriele em 1º de dezembro de 2006

Principalmente no nosso tempo, em que as turbulências não param, o espírito de Deus chama, e nos dá ajudas e mais ajudas, mas também adverte: "Salve-se quem quer ser salvo antes que este mundo acabe!"

Uma chamada de aviso, uma chamada para despertar-se, porque a humanidade em todas as gerações pecou gravemente contra a Mãe Terra. Ela está contra o espírito de Deus, contra a Mãe Terra. As travessuras do ego humano causaram inúmeros sofrimentos à Mãe Terra até hoje.

As pessoas raramente ouviam a palavra de Deus, porém o admoestador, Deus, o nosso Pai em Cristo, estava e está sempre presente. Ele bate à nossa porta. Está latejando em nossa consciência. Ele nos chama por meio dos Dez Mandamentos que nos deu por meio de Moisés. Ele nos chama por meio dos ensinamentos de Jesus, o Cristo. E o Seu amor não desiste. O Seu amor é infinito.

Jesus, o Filho de Deus, se tornou o nosso Redentor na cruz no Calvário. O poder redentor está em cada um de nós. Quando a pessoa fica mais quieta, percebe que o mais íntimo não é deste mundo, e então ela sente a pulsação do infinito sempre de novo. É o coração da alma, é o bater do Pai eterno amoroso que nos chama por meio de Cristo, o nosso Redentor.

Muitas pessoas sabem: Cristo em nós.

Mas alguns dizem: "Bem, onde está Cristo? Como posso alcançá-Lo?"

Como é, quando queremos falar com o nosso próximo? Costumamos pegar o fone, tirar o celular do bolso, correr para o computador, ou de alguma forma tentar falar com o nosso próximo. Tornou-se um hábito: eu posso falar com meu próximo a qualquer hora.

Mas falar com Cristo ainda é "abstrato" para muitos. Portanto, há muitos exercícios para encontrar Cristo em nós – claro, quem quiser! Uma sugestão do Reino de Deus é que aqueles que verdadeiramente se esforçam para se aproximar de Cristo, tomem o "fone espiritual" para falar com Ele.

Onde está o fone?

Como podemos falar com Cristo?

Muitos de nós sabemos que perto do nosso coração está o "centro de Cristo", a luz de Cristo, que brilha e flui através dos centros espirituais – os centros que estão inerentes em nós: o centro de consciência da Ordem, o centro da Vontade, da Sabedoria, da Retidão, da Paciência, do Amor e da Misericórdia. Portanto, existe uma corrente energética correndo em nós, que está sempre presente, que flui através da nossa respiração, que ilumina as nossas células, que pulsa em nossa alma.

Como dito, nós estamos acostumados a pegar o telefone e falar com o nosso próximo.

O Reino de Deus nos ensina: "Cristo em nós."

Nós sabemos: Na proximidade do coração, ou seja, em nosso peito, está o ponto central do Cristo de Deus. Chamemos esse ponto central de "fone", o fone espiritual. Vamos pegar o fone espiritual com mais frequência!

Vamos prová-lo:

Colocamos a mão direita no peito.

Aqui está a luz central; aqui está o "fone espiritual"; é aqui que podemos falar para dentro, ao nosso interior.

Aqui está o centro de Cristo, que nos ouve, que recebe os nossos pedidos profundos, as nossas conversas. E Cristo em nós nos dá resposta.

Mas ainda não O ouvimos. Por quê? – Precisamos de um número de telefone? Não. O que precisamos é, cada vez mais, o cumprimento dos Dez Mandamentos de Deus e os ensinamentos de Jesus, o Cristo.

Para que percebamos e sintamos que Ele está realmente presente, devemos nos acostumar a buscar o fone com mais frequência, o fone espiritual, o centro do Cristo de Deus.

Quando oramos, devemos resolver orar ao interior de nós. Quando oramos, vamos nos acostumar a colocar a nossa mão primeiro no centro de Cristo, o centro que nos ouve, que ouve tudo.

Pensemos profundamente para dentro de centro de Cristo:

"Cristo em mim". Com isto, pegamos o telefone. Nós chamamos Ele.

Cada um de nós pode, quando ficamos agitados, sempre de novo pegar no fone, ao centro de Cristo: "Cristo em mim". Não importa onde estejamos, rapidamente colocamos a mão sobre o centro de Cristo através da jaqueta na consciência: "Cristo em mim".

O próximo passo seria quando falamos com o nosso próximo do mesmo modo primeiramente falar em silencio para dentro de nós: "Cristo em mim" – e depois: "Cristo no meu próximo".

Muitas vezes encontramos muitas pessoas, pessoas agitadas. Em nós vêm também muitos pensamentos negativos. Pratiquemos: "Cristo em mim". No momento em que pensamos seriamente "Cristo em mim", nós suavizamos. De repente, a nossa consciência bate e dizemos a nós mesmos: “Não podemos pensar assim do nosso próximo, nem falar assim com ele!”

Se vamos começar uma conversa e sabemos que encontramos pessoas que não são exatamente simpáticas conosco, não devemos começar imediatamente, mas, por um momento, simplesmente virar-se, ou rapidamente colocar a mão sobre o peito: “Cristo em mim” – bem breve. Podemos colocar a mão no peito por um instante, isso não é problema.

O que é importante é: “Cristo em mim – e Cristo em todos aqueles com quem agora vou conversar.” Vamos parar por um momento e assim iniciar a conversa. De repente, sentiremos: algo está acontecendo em nós. Antes poderíamos ter pensado: “Agora vou dizer isto a ele!” – E agora dizemos: “Bem, direi com clareza”, mas as nossas palavras serão completamente diferentes. Elas ganharam peso, força; é o espírito de Deus que temos chamado.

Quando a família se reúne, quando as coisas talvez estejam muito agitadas, alguns querem discutir ou nós mesmos ficamos com raiva e contenciosos: Vamos colocar rapidamente a mão sobre o centro de Cristo. O centro de Cristo sempre ouve o nosso pedido honesto de ajuda: "Cristo em mim - Cristo no meu próximo - Cristo em todos os membros da família - Cristo em mim".

Vamos sentir para o interior! Em seguida, entramos em conversa com a família. Então vamos para a mesa. E sentiremos que algo está acontecendo em nós. De repente, sentimos que estamos formulando as palavras de forma diferente, que estamos falando de maneira diferente, que palavras completamente diferentes estão vindo. - É o espírito de Deus que está nos ajudando. E se alguma vez não ficarmos no nosso interior, não tem problema. A consciência lateja e diz: "Então, isso e aquilo está para ser purificado".

O que está acontecendo?

Algumas pessoas sentem uma pulsação dentro de si. Cristo quer se comunicar conosco. Mas no cérebro ainda há muita turbulência. Se nos esforçarmos por reduzir essa turbulência com Ele, para reconhecer o que o dia traz de demasiado humano - também dizemos: de pecados - e purificar e nos tornar cada vez mais conscientes dos mandamentos de Deus e dos ensinamentos do nosso Redentor, então nós nos acalmamos, as turbulências desaparecem. Nós nos sentimos mais seguros. Vivemos mais conscientemente. Respiramos mais profundamente. Alegria e gratidão entram em nós. Experimentamos algo que talvez só tínhamos abordado de forma abstrata: Cristo em nós.

Ligamos para Ele. Tomamos o fone espiritual à mão. Nós falamos com Ele. Oramos a Ele. E decidimos fazer este exercício:

"Cristo em mim! – Cristo no meu próximo!"

Não importa onde encontremos as pessoas, não importa com quem falemos – no trabalho, na família, nas empresas – há atividade em todos os lugares, mas tem Um que é a segurança e calma:

"Cristo em mim! – Cristo no meu próximo!"

Nós, pessoas, estamos habituadas a agarrar-nos a tudo, mesmo que seja ao telefone. E aqui nos agarramos ao fone central, ao fone universal, ao centro do Cristo de Deus, ao centro do nosso ser, ao ponto de comutação para o nosso fluxo espiritual.

Quem quiser, pode participar.

E sentimos: Ele não nos deixa a sós.

"Salve-se, quem quiser ser salvo antes que este mundo acabe!" Um chamado do coração de Deus, nosso Pai eterno para nós, o qual nos quer abraçar ao Seu coração e a quem encontramos por meio de Cristo, o nosso Redentor.

Aprenda a conviver com a natureza e os animais e assim, você aprende a compreender melhor a si mesmo e também ao seu próximo

Do seminário do mesmo nome com Gabriele em 3 de março de 2001

Para aprender a nos compreender melhor, primeiro perguntamos o que "responsabilidade" significa para nós. Para muitas pessoas, a palavra "responsabilidade" é apenas um conceito, algo abstrato que só as afeta teoricamente, por assim dizer. Portanto, não lhes incomoda muito quando ouvem que são responsáveis por todos os seus pensamentos, palavras e ações perante a lei de Deus.

Se tomarmos consciência de que todos os sentimentos, as sensações, os pensamentos, cada palavra, até mesmo todo o nosso comportamento, é energia e que nenhuma energia é perdida, então é uma conclusão lógica que deve haver uma reação a cada ação. Mas esta não é apenas uma regra abstrata, uma verdade que o nosso intelecto afirma, e não é apenas válida de forma global, relacionada ao nosso mundo como um todo. Em vez disso, a cadeia de ações e reações é a realidade da nossa vida terrena pessoal.

Cada qual age incessantemente; ele envia sentimentos, sensações, pensamentos – ele fala, ele age. De acordo com o conteúdo de suas ações, ele causa isso e aquilo pelo qual é e continua sendo responsável. E toda ação que sai da pessoa volta para ela como uma reação, entra em sua alma e em sua estrutura celular como um registro energético e é armazenada como entrada no cosmos. Assim, cada um de nós tem a responsabilidade pelo que fazemos e pelo que deixamos de fazer, também pela nossa omissão em relação às leis divinas por nós aceitas.

Quantas vezes dizemos “Eu quero ...” – e ainda assim, não o fazemos. Por exemplo: “Quero viver com os meus semelhantes e com a natureza e os animais” – mas muitos não querem o trabalho que resulta disso em nós mesmos, a implementação das leis de Deus que são a nossa verdadeira vida.

"Queremos ..." ou "Eu quero ..." significa: Percebemos que o que declaramos como intenção nos é devido. Mas não devemos o deixar só com isso mesmo! Um ditado popular diz "O caminho para o inferno está pavimentado com boas intenções". O que se quer dizer são precisamente esses bons insights, que seguimos com as palavras "Eu quero ...", mas que não levamos a cabo em nossas vidas. Como a palavra "responsabilidade", a palavra "querer" tornou-se um termo flexível que cada um interpreta por si mesmo a seu favor.

As explicações a seguir sobre o tema "Aprenda a conviver com a natureza e os animais, e assim, você aprende a compreender melhor a si mesmo e também aos seus próximos" destinam-se àqueles que não estão satisfeitos com a resolução, com o conhecimento do que realmente precisa ser feito, mas decidiram definir um novo curso em sua vida.

Se quisermos viver da maneira correta com os nossos semelhantes e com a natureza, devemos primeiro nos conscientizar de que a vida é comunicação divina. Tudo o que vemos e o que não vemos é vida. Todo o infinito, todas as forças puras e formas puras são preenchidas com a vida que é Deus. Por outro lado, a Terra e tudo o que nela vive, dentro e acima dela, incluindo o universo material, são apenas uma imagem refletida do infinito, apenas um reflexo do SER. A imagem primordial é o SER; é a vida. O reflexo, a imagem refletida, contém a vida.

Os reinos da natureza, nós, seres humanos, todas as almas nos planos de purificação, todos os astros materiais e de matéria mais sutil são, portanto, apenas reflexos do SER. A densidade, a matéria e os astros de matéria mais sutil nos quais as almas vivem são apenas permeadas e carregadas pela vida, Deus. Isso se dá por meio do núcleo da vida em nossa alma, que não pode ser destruído nem carregado, e que é circundado pela forma condensada de vida, o ser humano. A conexão com Deus, a uma fonte de vida, é dada por meio do núcleo do ser.

Como resultado, em todo o infinito, tudo que é puro e também o núcleo central, o núcleo do ser da alma de cada ser humano, estão em comunicação um com o outro. A densidade, que consiste em diferentes graus de densidade, inclui o cosmos material, os planos de purificação com as almas, todos os seres humanos, os reinos da natureza, todas as espécies vegetais e animais, todos os minerais na forma líquida e sólida.

A vida é a unidade, também chamada de Toda-comunicação; é o Todo-Espírito que une tudo o que é puro por meio da Toda-comunicação.

Os reinos da natureza não conhecem a separação do Todo-Espírito. Eles estão conectados e se sentem conectados com o grande Todo-Um que os une e com o qual eles são um.

A vida, a Toda-comunicação, também não conhece a morte. Conscientizemo-nos: Todas as formas materiais da natureza – por exemplo, árvores, arbustos, flores – não conhecem a morte. O morrer da forma externa nada mais é para a natureza do que o desprendimento de uma forma temporal para estar novamente na forma verdadeira, a forma original de consciência. O mesmo vale para os animais. Eles não conhecem a "morte". Quando eles largam a sua forma temporal, que eu também gostaria de chamar de trajes terrestres, eles são o que são em sua consciência: um estado de consciência que se tornou forma. Mesmo as pedras, todos os minerais, sólidos e líquidos, não conhecem a morte. Não importa como a sua forma externa seja abusada e modificada pelos seres humanos – eles permanecem o estado de consciência no Todo-Espírito.

No entanto, a natureza e os animais têm medo das pessoas porque os forçam de várias maneiras a uma morte não natural e frequentemente bestial. Muitas pessoas matam sem pensar sobre a vida e sobre quem a deu à natureza e aos animais. O matar deliberado e consciente de plantas e animais é uma intervenção no fluxo harmonioso, na Toda-comunicação, na vida.

As intervenções na comunicação da vida são registradas na imagem de todos os eventos terrestres, na crônica atmosférica, por exemplo: o corte de árvores que estão em seiva, ou o pisoteio deliberado e a destruição de plantas de todos os tipos ou mesmo a manipulação de grupos de plantas ou o sofrimento de centenas de milhares de animais, o matar, pisoteando conscientemente os animais, torturando-os e privando-os de sua vida apropriada para a espécie e muito, muito mais.

As inúmeras intervenções na vida dos reinos naturais remontam ao início da condensação, ao evento da Queda. Esses atos ilegítimos foram adotados, por um lado, por cada vez mais pessoas, e por outro, por muitas espécies animais que foram e são estimuladas a matar por pessoas através da crônica atmosférica.

Assim, os programas criados pelos seres humanos de comportamento negativo foram transferidos para os animais. O ser humano é a causa; ele é responsável por isso e carrega a culpa. Ele se carregou e se carrega – não o animal. Se, portanto, os animais frequentemente caçam e comem o mais fraco de seus irmãos animais, isso se deve apenas à influência milenar dos seres humanos. Essa degenerescência surgiu através do ser humano e não corresponde nem à Toda-vida nem à morte natural, conforme previsto nas leis naturais da Terra.

Apesar de tudo o que foi e é feito aos animais, os nossos irmãos animais são muito mais adequados à sua espécie, e ética e moralmente superiores em seu comportamento do que os seres humanos. O ser humano como anormalidade humana pode ser descrito como assassino e algoz. Por exemplo, ele tortura cruelmente gado macho e fêmea para seu benefício e lucro, a fim de preparar a força vital forçada para a inseminação artificial, que ele então realiza. Fazendas que mantêm animais fertilizados artificialmente por pessoas como "animais de engorda" usados para a produção de carne, nada mais são do que locais de produção de vida artificial que é morta depois de um certo tempo – que é determinado pelo fazendeiro – para que os seres humanos possam consumir as suas carcaças.

Vamos nos conscientizar: Também os animais que foram e são criados pelo ser humano por meio de inseminação artificial para ir parar no matadouro, são seres vivos. Porém, Deus, o Eterno, o Todo-Espírito, não dá vida aos animais que são criados pelos humanos por sua própria vontade, senão que o ser humano deu e dá-lhes uma parte da sua força vital. Os seres humanos intervieram na lei da natureza e roubaram a substância portadora da vida para, por exemplo, criar animais destinados à matança arbitrária. Dessa forma, o ser humano age como criador. Todavia, uma vez que ele não é o criador do infinito, a existência de todo animal criado artificialmente depende da bateria de vida de todos aqueles que têm a ver com isso, incluindo as pessoas que comem a carne de seus irmãos animais, ou seja, os consumidores.

Pessoas que defendem, realizam e apoiam tais atos desumanos em animais são insensíveis e sem escrúpulos. Eles levantam a bandeira do princípio do ego, que significa: "Eu mesmo sou o meu melhor amigo." Um dia eles serão acorrentados ao mastro de sua bandeira. E que acontece então?

Por meio dos inúmeros comportamentos contra a lei divina da unidade, à qual pertencem todas as energias de sentimentos, sensações, pensamentos e fala, o ser humano criou seu ciclo individual. Ele apenas gira em torno de si mesmo de acordo com o princípio: "Tudo serve a mim!"

O ciclo do ego não está integrado no ciclo universal da vida. As pessoas nesta estreita consciência do ego se desconectaram da Toda-comunicação. Elas apenas nutriram e nutrem o seu ego comunicativo limitado. O ciclo pessoal, o ciclo do ego, está orientado apenas ao corpo, à carne. Ele parte das entradas no consciente e subconsciente, ou seja, do cérebro, vai por meio das células do corpo armazenadas de forma semelhante, ou seja, células do corpo carregadas e funções do corpo, e volta para o consciente e subconsciente. O controle ocorre, entre outras coisas, pelas entradas dos seres humanos nos planetas repositórios correspondentes. O pensamento sobre a alma imortal e a comunicação com a Toda-vida foi perdido. A consequência disso é que as pessoas em grande parte só se preocupam consigo mesmas e com seus interesses. Seu bem-estar pessoal, seu bem-estar e o reconhecimento de si estão em primeiro plano. Ela então chama isso de vida.

Como surge o circuito pessoal? Brevemente dito, o seguinte: Todo ser humano possui uma alma imortal na qual existe o núcleo do ser incorruptível, que é divino. O núcleo do ser está na Toda-comunicação com Deus, a vida, ou seja, com o infinito, com todas as forças e formas puras e com a vida *dentro* dos reinos materiais da natureza, e portanto, também com o núcleo do ser em todos os seres humanos. À volta do núcleo do ser incorruptível se formaram invólucros como resultado de comportamentos negativos. O invólucro externo, denso, bastante grosseiro, ou seja, o material grosso, é a carne, é o ser humano.

Esses invólucros emergiram a partir da cabeça do ser humano, de suas entradas no cérebro contra a vida. Em primeiro lugar, o ser humano gravou e grava seu consciente e subconsciente. O que ele armazenou no cérebro é gradualmente transferido para todo o corpo. O armazenamento entra na estrutura celular e molda todas as funções do corpo humano. A estrutura espiritual das partículas da alma também assimila essas entradas. Disto resulta os invólucros energéticos que são a radiação direta do ser humano. Seu comportamento é então de acordo com isto.

Como já mencionado, a pessoa também armazena as suas entradas pessoais nos astros correspondentes do cosmos material e imaterial, os planos de purificação. Essas predisposições humanas são de natureza pessoal e não têm acesso à Toda-comunicação que é impessoal, ou seja, lícita.

Por isso, o tipo ego – um mais, outro menos – leva uma existência isolada em consequência da qual perdeu a relação com os seus semelhantes, com a natureza e com os animais. Podemos comparar o ciclo pessoal a uma teia de aranha. A aranha pega uma mosca em sua teia. O ser humano criou uma "teia de aranha" para si mesmo, por assim dizer, e ficou preso nela. Isso fez com que os sentimentos e a consciência de tal pessoa se tornassem amortecidos. Eventualmente ela tem contato apenas com pessoas que pensam da mesma forma; ela rejeita tudo o mais que não se encaixa em seu ciclo estreito e egocêntrico de sentimentos e pensamentos.

Pessoas sem um verdadeiro senso de vida e consciência pensam e agem como robôs. Com seu comportamento, muitas vezes destroem tudo o que não é lucrativo para elas. Elas não levam em consideração a vida de seus semelhantes, muito menos a vida da natureza, dos animais e da Mãe Terra.

Como mencionado, o princípio do seu ego é: "Eu mesma sou a minha melhor amiga. Que tudo sirva para o meu bem-estar." Ela não se importa se a natureza e os animais sofrem com isso. Para elas, tudo é apenas um objeto, possivelmente sem vida.

Tudo deve apenas beneficiá-las, seja a vida dos animais e da natureza.

Repito: Pessoas que se preocupam implacavelmente com seu ciclo pessoal se separaram da Toda-comunicação. Elas são apenas mantidas pelo núcleo do ser em suas almas. A pobreza de sentimentos leva a um comportamento tipo monstro que destrói e mata no seu próprio interesse. A Mãe Terra, com a sua diversidade de espécies de plantas, com os seus animais e minerais, está à mercê desse tipo de pessoas.

Com uma clareza sem precedentes, a atual geração de pessoas está provando que não adianta só falar em proteção da biodiversidade e proteção do mundo animal. Mesmo que tantos supostos amantes da natureza relatem sobre a beleza da natureza e do mundo animal, da sua diversidade de cores e o desenho de suas penas ou pelos, isso não serve de nada. A palavra do ser humano por si só é de pouca utilidade se não for apoiada pelo cuidado e ajuda ao nosso próximo animal, os nossos irmãos e irmãs na natureza, as árvores, arbustos, gramíneas, flores e animais. Quando falamos dos reinos da natureza, não devemos esquecer os minerais, nem as forças elementais, a terra, a água, o vento, o fogo, também o sol e os outros astros – tudo pertence à Toda-unidade, amor e sabedoria de Deus que também é o espírito da natureza e dos elementos.

Sejamos sinceros: Quantas vezes caminhamos pela floresta, por prados ou por um caminho de campo lindamente curvado e pensamos ou dizemos de forma análoga: "Como é lindo na floresta, na natureza! O silencio faz bem. O canto, o gorjeio e o jubilar dos pássaros são um alívio para a minha disposição." Ou nos maravilhamos com as poderosas e anciãs árvores, que permitem que o vento, a tempestade, o frio e o calor passem por elas e mesmo assim continuam a crescer e trazer os frutos de sua espécie.

Ou vemos cervos saltando agilmente sobre tufos de grama ou pequenas árvores, ou coelhos, raposas, javalis ou os esquilos ágeis e graciosos, cujas pelagens brilham maravilhosamente no elemento fogo, ao sol.

Nós pensamos e dizemos como tudo é lindo e benéfico. Mas o que arrastamos conosco para a floresta, pelos prados e pelos caminhos dos campos? Em última análise, as nossas preocupações e problemas, a nossa irradiação sombria, que adornamos com belas palavras, por exemplo, como tudo é belo e benéfico. Quando terminamos a nossa caminhada, pensamos ou dizemos como foi agradável e relaxante a caminhada. Talvez falemos sobre isso novamente na manhã seguinte quando estivermos falando sobre como passamos o nosso domingo. Pouco depois, mal nos lembramos, porque voltamos a lidar com nós mesmos, com o que também carregamos conosco durante a caminhada: o nosso eu-ego, muitas vezes sombrio.

Talvez vejamos e ouçamos na televisão ou lemos no jornal diário como os animais – que basicamente também são seres de liberdade – são mantidos em estábulos, como os animais são criados para a produção de carne, o que os animais recebem para comer, como são mantidos nos transportes de animais, como são tratados, mortos e desmembrados em matadouros, ou como são maltratados e atormentados em experimentos com animais, levando uma vida miserável até que ocorra a morte redentora. Talvez então dizemos: "Isso é terrível!"

Vemos, ouvimos e lemos muito. Como nos comportamos? Por um lado, pensamos e dizemos: "Quão bela é a natureza, ela nos deu muito" – por outro lado, pensamos e dizemos: "Que terrível", face ao sofrimento dos animais que vemos na televisão ou em reportagens da imprensa. Normalmente permanece com estes e outros comentários semelhantes. Quem pensa sobre que tipo de má conduta eles podem encontrar em si mesmos a fim de mudar algo?

Talvez tenhamos alguns bons conselhos em nossos lábios sobre como os outros deveriam se comportar a este respeito. E como nós nos comportamos?

Temos comunicação com o passarinho que na primavera constrói seu ninho para seus filhotes, que expressa sua alegria cantando e aclamando, que é devido ao Criador?

Ouvimos a linguagem do Criador sobre o mundo das aves no fundo da nossa alma, a partir do núcleo do ser incorruptível?

Ouvimos a linguagem do Criador através das poderosas árvores anciãs, arbustos e flores?

Ouvimos no fundo de nossas almas o que a raposa, o veado, a lebre, o javali ou o gracioso esquilo estão nos transmitindo?

Ouvimos o Todo-Espírito, a vida, na pedra?

Ouvimos a linguagem do vento, do fogo, da água e da Mãe Terra?

Sentimos o que um raio de sol quer nos dizer?

Ouvimos as queixas dos animais privados de liberdade, escravizados nos transportes de animais e nos laboratórios de experimento animal?

Sentimos como estão os animais nas fazendas, que chamo de instalações de produção para os matadouros – animais que foram criados artificialmente e depois abatidos para o próprio benefício?

Ouvimos e sentimos os gritos e medos dos animais nos matadouros que são abatidos para a refeição da carcaça de animais para as pessoas e os seus apetites?

Um dia inúmeras almas ou pessoas terão que responder às seguintes perguntas perante o juiz, a lei da semente e da colheita: Quem lhes deu a competência de criar vida artificialmente e matar intencionalmente os seres vivos? Quem lhes deu o direito de desconsiderar a vida para que lhes passem bem?

Se pensarmos no que é apenas brevemente mencionado aqui, sem falar no que ainda está acontecendo por meio da crueldade humana com os animais, então isso pode ser expresso em uma frase: O monstro ser humano não tem mais sentimento e não tem mais consciência; está se tornando cada vez mais brutal e inventivo quando se trata de destruir seres vivos e formas de vida na natureza. E nisto, ele nem percebe que está se destruindo. Porque é assim como é, pode-se dizer geralmente com toda razão: O ser humano consiste apenas de si mesmo em seu pensamento e comportamento. O núcleo de ser incorruptível de Deus no fundo da alma de cada pessoa é envolvido pelas contravenções contra a vida.

Aquele que ainda tem um sentimento e uma consciência irá se reorientar; ele não o deixará mais com belas palavras sobre a caminhada na natureza e nem mais se contentará com as palavras "que terrível!" quando ele vê, ouve e lê como seus irmãos pequenos, os animais, passam ou quando os irmãos árvores são cortados na seiva ou florestas inteiras são destruídas por queimadas.

Como voltamos novamente para a Toda-comunicação? Como vivenciamos o Todo-Espírito, a vida, que nos fala desde inúmeros graus de consciência da natureza, desde plantas, animais e reinos minerais? O que deve ser feito para retornar à Toda-comunicação, à vida, a fim de proteger e preservar a vida e tornar-se um com a vida?

Podemos aprender e praticar para encontrar o nosso verdadeiro eu, a Toda-comunicação, a vida e sua linguagem de consciência. Devemos abandonar o hábito de usar a palavra "querer" ou "deveríamos" como desculpa, uma desculpa e um pretexto ao qual não resulta uma ação. Diante da lei de semear e colher, não há desculpa, se sabemos como devemos nos comportar como filhos e filhas de Deus.

Os excessos de nossa geração incluindo as suas consequências mostram que Deus não se conforma conosco. Nós temos que mudar para nos aproximar d'Ele. Nós temos que dar o primeiro passo em direção à Toda-comunicação, então o Eterno vem ao nosso encontro.

O primeiro passo em direção à Toda-comunicação é: aproveitar cada dia, que é um aspecto de nossa vida na Terra, para nos livrarmos de nossos fardos espirituais e físicos. Isso é feito pesquisando e questionando os nossos pensamentos pessimistas, pejorativos, ou seja, negativos, o nosso discurso indisciplinado e inadequado, com o qual apenas queremos nos realçar, perguntando-nos se os nossos pensamentos estão no trabalho ou para onde eles estão indo, ou que tipo de agitações ocorrem em nosso mundo de sentimentos e muito mais.

Temos que aprender a tomar a nossa vida terrena nas mãos, que se mostra dia após dia através dos nossos sentimentos, pensamentos, palavras e ações, também através dos nossos solilóquios, dos nossos monólogos, dos debates em pensamentos com o nosso próximo, que nada mais são do que a luta do nosso ego contra ele.

Todos os dias experimentamos aspectos de nossas entradas pessoais, vivenciamos a nós mesmos. Ao questionar tudo o que nos diz respeito – o que ocorre principalmente em solilóquios e queixas de outros – experimentamos uma parte de nossas entradas que é uma revelação de nosso eu humano.

O segundo passo é purificar o que nos sobrecarrega com a força do espírito de Deus em nós.

O terceiro e essencial passo agora é parar de pensar e fazer a mesma coisa, ou seja, de colocar as rédeas sobre nós mesmos.

O quarto passo é elaborar uma lei divina a partir do negativo que trabalhamos, sendo que os Dez Mandamentos de Deus e o Sermão da Montanha de Jesus de Nazaré nos ajudam. Devemos sempre nos conscientizar dessas leis divinas que elaboramos, anotá-las como um lembrete e colocar o bilhete em um lugar onde estejamos com mais frequência.

Somente quando a legitimidade da vida foi absorvida por nossas células cerebrais é que a cumprimos com naturalidade, porque a legitimidade ou legitimidades da vida cumprida por nós ganhou espaço na consciência de cada célula do corpo, moldando assim o nosso corpo e também entrando em nossa alma. Isso significa que as sombras escuras, que uma vez inverteram a polaridade e sobrecarregaram o nosso corpo e alma, foram transformadas em luz e poder pelo espírito de Deus. Então, a luz e o poder entram em nossa alma e corpo. Isso também significa que os nossos invólucros, que envolvem o núcleo do ser incorruptível, tornam-se mais cheios de luz. A nossa estrutura corporal que é vibração material, também se torna mais fina e o nosso ser mais equilibrado.

Os próximos passos são a interiorização para alcançar a calma. Disto resulta uma visão de longo alcance e o discernimento sobre as coisas da vida e a percepção profunda ao contemplar o que está ao nosso redor.

Conscientizemo-nos: A fim de alcançar a Toda-comunicação, temos que viver mais conscientemente a fim de sermos capazes de coletar as energias positivas que usamos para a observação profunda do que está ao nosso redor, por exemplo, para vivenciar as plantas, os animais e os minerais, e para ganhar a experiência de que tudo vive e sente como nós.

Portanto, a vida é a Toda-comunicação.

Aprender a amar, ganhar liberdade, ser feliz

De uma hora de ensino dada por Gabriele em 14 de setembro de 1997

Aprender a amar – estas são três palavras: Aprender a amar. Nestas palavras está todo o caminho que cada um de nós deve percorrer para recuperar passo a passo a nossa herança divina, que é o amor de Deus. Consideremos o mandamento principal: *"Amarás a Deus de todo o teu coração e de toda a tua alma, e de todas as tuas forças e ao próximo como a ti mesmo!"*

Três aspectos do amor: amar a Deus, ao próximo e a si mesmo.

Muitos dizem que é um caminho difícil amar a Deus com todas as nossas forças e amar o próximo como amamos a nós mesmos. Como nós nos amamos são apenas os passos ao amor, mas ainda não é a nossa herança divina, a corrente de amor na qual todos os seres puros se movem.

Agora a pergunta para todos nós: Como nos amamos? Pois é dito que devemos amar o nosso próximo como amamos a nós mesmos. Muitas vezes vem uma triste análise. Amamo-nos de tal maneira que raramente questionamos se o que pensamos, falamos e fazemos está de acordo com o amor de Deus. Para nós, o nosso pensar, falar e agir é "objetivo", somos nós, isto é cada um ele mesmo.

Alguns podem dizer: "Eu não me amo. Isso não se aplica a mim". Mas perguntemo-nos: Como é quando um dos nossos semelhantes nos identifica ou talvez nos critique com as palavras: "Eu te desdenho, você não entende a sua profissão, o seu ofício. Você não é uma pessoa socialmente aceitável, você é imoral", ou mesmo se ele nos disser de frente: "Você é mau!" Como nos sentimos sobre isso? Como reagimos? Ficamos tranquilos, na firmeza interior de que descansamos no amor de Deus que não é apenas sustentável, mas simples? Ou nos lembramos de certas situações, nos rebelamos porque não nos vemos como os outros nos veem? O que vem então?

Quando nos rebelamos, temos que dizer: Nós amamos o nosso ego, amamos mais a nós mesmos do que àquele que pode ter nos identificado, que talvez até quis nos ajudar com isso. Portanto, nos amamos mais. O nosso próximo apenas mexeu no nosso amor próprio, ou seja, no nosso amor presunçoso que queríamos manter.

E o que acontece quando reagimos assim? Apontamos a flecha ao próximo porque ele se atreve a nos identificar – ou seja: "criticar" – e temos que admitir que o nosso amor próprio não tolera os "ataques". Por que? Porque pensamos que somos melhores e mais inteligentes. Ou seja, nos amamos mais do que aquele que nos identificou. Isso é amor verdadeiro?

Portanto, a partir de nós mesmos temos que aprender a poder amar de novo. Onde começar? – No perdoar, no pedir perdão, no ciclo da purificação.

Na verdade, é triste quando temos que falar do amor a Deus e ao próximo, sendo que somos todos filhos do um amor, filhos do Pai eterno que nos viu no coração, no Seu grande coração primordial e nos fez nascer como seres do amor a partir do Seu grande coração primordial de amor.

Muitas pessoas falam do amor, e nada mais é do que o anseio por amor, o anseio por aconchego. De onde vem o anseio por amor, por aconchego? Em última análise, do fundo primordial da nossa alma, porque no fundo primordial de nossa alma somos os seres de amor. Bem no fundo primordial da nossa alma está o grande amor de Deus, o amor que incansavelmente bate à porta da nossa alma e à porta que leva à consciência do ser humano.

Nós definimos este bater de nosso ser mais íntimo, o bater de Deus no portal de nossa consciência, como um anseio por amor, como um anseio por aconchego. Se não o obtemos, então chamamos o nosso próximo de desamoroso e talvez o desdenhamos porque ele não nos dá o que desejamos. Se recebermos um sopro de amor demasiado humano de nosso próximo, ficamos felizes por um curto período de tempo. Mas se o sopro desse amor humano desaparecer, continuamos a ansiar pelo amor. Com isso, nós aumentamos as nossas sombras cada vez mais porque esperamos constantemente que alguém nos dê o amor que ansiamos e que, em última análise, está no fundo da nossa alma. Então começamos a agir contra o nosso próximo. Nós o desprezamos, esperamos dele o que, em última análise, ele também não nos pode dar, pois ele também se ensombrou como nós mesmos. Também ele está procurando pelo amor. Ambos procuram amor. Todos procuram o amor e nenhuma pessoa pode nos dar amor. – Por quê? – Pois todos estão procurando.

Nós acostumamo-nos a nos apoiar no próximo para talvez, afinal, obter uma faísca de amor. Nós acostumamo-nos a exigir do próximo. E muitos não podem atender às nossas demandas porque não podem dar o que pedimos. Isso tornou a nós humanos cada vez mais egoístas. E a palavra "egoísta" carrega consigo o vício do ego, o vício por amor, o vício por aconchego. Esse vício busca sempre obter do próximo o que ele mesmo não possui. Como resultado, o corpo do indivíduo tornou-se cada vez mais pesado, devido a muitos pensamentos pecaminosos, ou seja, pensamentos negativos. Perdemos a nossa postura em relação ao nosso verdadeiro ser, que é o amor. Nós perdemos a nossa postura diante de Deus, o nosso Pai Eterno, e diante de Cristo, o nosso Redentor. E, no entanto, ansiamos pelo amor.

Desesperamos de Deus porque Ele não nos dá o que queremos. – Bem, o que nós queremos? O amor transformado para baixo, o amor próprio. Todavia Ele não pode nos dar isso porque Ele não o tem.

Exigimos de Deus que nos dê a nossa liberdade pecaminosa, que nos ajude a nos distanciar do nosso próximo, a rejeitá-lo. Ele não pode fazer isso porque Ele não o tem.

Pedimos a Ele que nos traga alguém que nos ame – que nos ame assim como nós desejamos. Ele não pode fazer isto porque não tem amor egoísta.

Por isso, reprovamos muito a Deus por não nos dar o que queremos. Ele não pode nos dar isso porque Ele não é um pecador, mas sim, o grande amor eterno. E o amor eterno nunca nos abandona! – Por que? Porque somos seres puros em Seu coração primordial, eternamente. Portanto, Ele chama e bate no portal do consciente – e nós, humanos, não O entendemos porque temos nos sobrecarregado. Nós nos afastamos da nossa origem, do amor. Temos transformado para baixo a nossa herança divina em nossa herança do ego, ou seja, em nosso mundo de pensamentos. E esses nossos pensamentos pecaminosos, essas nossas palavras e ações pecaminosas são a nossa herança pessoal que é o nosso ego. E nós amamos isso. E queremos ser amados a partir disto.

O que significa realmente "aprender a amar"? – Significa primeiro aprender em nós mesmos. Tudo o que nos agita nos diz que podemos aprender com isso, porque só agita uma parte das nossas entradas pecaminosas pessoais, que é o nosso amor egoísta.

Isso significa que nos amamos mais do que amamos o nosso próximo, muito menos a Deus, porque no momento em que o nosso ego se rebela, nos voltamos contra o nosso próximo e o rejeitamos. Isso tornou o corpo humano cada vez mais pesado. Tornamo-nos mais negligentes, então, como já dito, perdemos a nossa postura em relação ao nosso verdadeiro ser e a Deus.

"Aprender a amar" significa em primeiro lugar: olhe para si mesmo! A negligência se mostra em nosso comportamento corporal. Será que acreditamos que como seres puros adotamos uma postura diante da face de Deus como a seguinte: Cruzamos os braços diante de Deus. Cruzamos as nossas pernas diante de Deus. Apoiamos a cabeça na palma da mão. Comemos e enchemos a boca de comida que Deus nos deu. Todos esses são sinais de nossas próprias entradas.

Será que Deus se sentaria diante de nós assim, será que Deus tomaria esta postura diante de nós? O que diríamos? Existem tantas pequenas coisas com as quais podemos aprender.

Ou vamos imaginar: Deus se senta à mesa conosco, apoia o cotovelo na mesa, coloca a cabeça na palma da mão e come de boca cheia. – O que diríamos? – Então diríamos: "Impossível! Este é para ser Deus?!" – Mas nós fazemos isto. E porque? Porque não aprendemos a nos questionar: o que nos torna tão pesados para ter uma postura destas? Apenas tomando esta postura corporal, deveríamos dizer imediatamente: "Atenção! Por que agora tenho essa postura?"

E você reconhecerá imediatamente que certos pensamentos estão passando por você, pensamentos negativos, pensamentos pesados que o pressionam a essa postura. São pensamentos contra a sinfonia, a leveza do amor infinito, portanto, pensamentos contra o amor.

Somente por meio dessa postura já podemos aprender, aprender de nós mesmos, quem somos, com o que nos afastamos do amor de Deus. Talvez vemos imagens e nos vemos nas imagens, pois nós gravamos em forma de imagens. E então se aplica a pergunta: "Bem, o que coloquei em meus pensamentos, em minha vontade?" E na maioria das vezes, é uma expectativa. Espero algo do meu próximo e, se ele não me der, eu o rejeito e cruzo os braços.

Este é também um sinal de que rejeitamos o nosso próximo e nos amamos mais do que amamos o mais íntimo, o puro no nosso próximo, que também está em nós. Todas essas posturas externas podem nos ajudar a aprender – a descobrir o que nos separa do amor, da nossa herança divina.

Se estamos prontos para aprender, então, com o tempo, percebemos que nos apoiamos em nossos semelhantes. Por que nos apoiamos neles, isto é, esperamos isso e aquilo deles, o que, em última análise, poderíamos fazer nós mesmos? Porque a nossa energia espiritual, a energia do amor, está ficando cada vez mais fraca. Nos tornamos preguiçosos. E a preguiça, por sua vez, também afeta o nosso corpo. Os efeitos são diferentes posturas do nosso corpo físico. Todos nós os conhecemos. E cada um tem as suas manias. Mas essas manias são sempre uma expressão de nossas atitudes erradas e, portanto, uma expressão do nosso amor próprio.

Somente quando aprendemos a não nos apoiar mais no nosso próximo, esperando dele o que podemos fazer nós mesmos; quando também fazemos pelo próximo o que esperamos dele, é que ganhamos respeito por nós mesmos. O respeito por nós mesmos significa que o nosso corpo irá gradualmente endireitar-se, a negligência diminuirá e, então, gradualmente ganhamos respeito pelo nosso próximo. Porque aquilo que reconhecemos em nós mesmos como os nossos delitos, e os purificamos com a ajuda do espírito do Cristo de Deus e não o cometemos mais, então expande a nossa consciência e sentimos cada vez mais o nosso próximo. Experimentamos então o lado positivo do nosso próximo em nosso coração, em nossa consciência espiritual que está se abrindo cada vez mais porque purificamos o nosso pecaminoso, isto é, removemos a nossa trave em nossos olhos com Cristo.

Então, de repente, encontramos acesso ao nosso próximo. Nós nos mudamos. Os nossos pensamentos se tornam mais luminosos, as nossas palavras espiritualmente mais ricas. Por sua vez, aprendemos com o nosso próximo porque aprendemos a compreendê-lo. E é assim que encontramos o caminho ao nosso próximo, mesmo quando ele nos rejeita. Encontramos acesso ao seu interior porque não esperamos mais nada dele, mas fazemos nós mesmos o que podemos fazer.

A partir desta atitude interior aprendemos a pedir, no sentido de que também pedimos ajuda ao nosso próximo por aquilo que não conseguimos fazer, seja no trabalho ou na família – não perdemos a face se pedirmos que o nosso próximo nos ajude onde o precisamos.

Isso nos tornará livres. Estamos cada vez mais conscientes de que Deus está ao nosso lado. Estamos cada vez mais nessa corrente de amor que é a nossa herança divina. O resultado é que nos tornamos felizes. Dessa liberdade que está em Deus flui a felicidade. E a felicidade não é apenas o conhecimento de que Deus é amor, mas é o fluir do amor pela alma e pelo ser humano. Essa é a resposta de

Deus, a resposta do amor. E somos felizes porque vivemos no amor, porque encontramos o lar de novo com os nossos pensamentos, com os nossos sentimentos, com as nossas palavras e ações, o lar de nosso ser verdadeiro, o lar de amor. O amor então flui através de nossos pensamentos. O amor flui por meio de nossas palavras. O amor flui por meio de nossas ações. E nós somos como uma concha que colhe do amor, da corrente.

Portanto, aprender a amar significa começar com nós mesmos. Coisas pequenas como o comportamento externo nos ajudam a reconhecer o que é o nosso amor próprio, o que aprendemos e a que nos acostumamos, o que significa ser distante de Deus.

Como já dito, o amor próprio inclui o hábito de ter expectativas em relação ao próximo. Na maioria das vezes temos a expectativa de que o nosso próximo faça isso ou aquilo por nós. Sempre esperamos algo. Quando vemos um de nossos semelhantes, os pensamentos vêm. E, em última análise, também esperamos algo daquele que vemos e conhecemos; e mesmo que o desprezamos em pensamentos, esperamos algo dele. Estamos constantemente na expectativa. Tudo isso quer nos dizer algo.

Quando nos aproximamos de nosso próximo esperamos algo. Quando nos distanciamos de nosso próximo, então esperamos algo de outra pessoa. Tudo isso e muito mais nos diz que não estamos a favor de Deus, mas sim a favor do nosso ego. E tudo isso nos ajuda a nos questionar.

Uma vez que aprendemos a amar, não esperamos mais nada, então muitas vezes faremos para o nosso próximo o que ele espera de nós, mas apenas o quanto podemos dar a ele para que ele se reconheça em sua expectativa – mas sem palavras, senão que através do reconhecimento, através da autoexperiência.

Vamos primeiramente nos reconhecer em nossas expectativas. Esperamos que o nosso próximo arrume isso ou aquilo por nós – mesmo sabendo que temos tempo para fazermos nós próprios, seja no trabalho, seja em casa, seja na família. Frequentemente são coisas pequenas. O homem, por exemplo, espera que a mulher faça isso e aquilo na hora certa. A mulher espera que o homem chegue em casa na hora certa, e muito mais. Essa expectativa nos diz que não estamos a favor do nosso próximo. Porque se formos a favor e com o nosso próximo, então temos um acordo e sabemos quando o marido voltará para casa, ou se a mulher pode fazer isso ou aquilo pontualmente hoje. Há tantas coisas pequenas que precisam ser acordadas. Mas só o fazemos se realmente amamos, caso contrário, tudo é apenas expectativa.

A nossa consciência espiritual se expande nos aspectos em que reconhecemos e purificamos o nosso demasiado humano e pecaminoso. E a partir dessa própria experiência de purificação, podemos dar um aspecto do amor. Portanto, a consciência se expande por meio da purificação do nosso pecaminoso. E assim como purificamos, também podemos haurir e dar a partir do amor. Isso não quer dizer que devemos nos tornar perfeitamente puros para poder dar – não. Podemos haurir e dar a partir da nossa própria experiência. Porém, quanto mais purificamos o que é pecaminoso, tanto maior é o amor a Deus e ao próximo em nós. E um sinal de que nos aproximamos do amor, é quando ficamos muito mais felizes quando as coisas vão melhor com o outro do que com nós.

Então, a pergunta surge: Eu tornei meu próximo feliz a partir do meu coração? Será que deixei o meu próximo um pouquinho mais feliz? Porque se meu próximo está numa situação melhor do que eu, eu deveria estar feliz. Estas são as centelhas ou os passos para o amor que nada espera, que dá porque possui tudo.

Quando foi perguntado como podemos evitá-lo, figurativamente falado, "de apontar as flechas para nosso próximo", Gabriele explicou:

Com as entradas do nosso passado, reagimos no presente – porque só podemos reagir segundo as nossas entradas. As nossas correspondências, a agitação do nosso ego, nos dizem o que introduzimos. Isso faz parte da nossa pecaminosidade.

Vamos purificá-lo com a ajuda do Cristo de Deus, e se não o fizermos mais – se conscientemente não o fizermos mais –, removemos o negativo do nosso vaso, do ser humano e da alma, e o amor a Deus e ao próximo então pode fluir mais intensamente e pode nos ajudar e apoiar.

Portanto, devemos primeiro olhar em nós mesmos: O que está atrás disso em nós? Por que o nosso ego está agitado? – E se purificamos o nosso ego e decidimos firmemente de não fazer mais isso, de fato, se até escrevermos esses lados positivos, as legitimidades, quando algo semelhante acontecer – para que imediatamente voltamos às legitimidades e seguramos firmes no amor de Deus – então nos tornamos mais sensíveis, e esse aprender termina gradualmente. Criamos então um sismógrafo que está no subconsciente e no consciente, mas também em nossa alma que imediatamente diz: "Pare, dê uma olhada em você!" O sismógrafo que foi ativado – é um aspecto do divino em nós – avisa-nos imediatamente e diz: "Aqui você está enganado! Aqui você está contra o mandamento, contra o amor!"

E se o purificarmos e não fizermos mais, o sismógrafo fica cada vez maior e nos tornamos mais sensíveis aos impulsos divinos. Esta é a limpeza do ego para que o grande e poderoso Eu Sou, o amor, o nosso verdadeiro ser, o mais íntimo, venha a romper cada vez mais em nós. Então nos tornamos livres, firmes em Deus e felizes, porque quem encontrou o lar, o lar em si mesmo, é feliz porque está seguro em Deus.

Agora estamos sempre falando sobre nós mesmos. Mas vamos também considerar o seguinte:

Se apenas alguém vê o animal somente como uma coisa e priva ele do seu amor e ajuda, este está contra Deus e contra si mesmo. Quanto mais isso afeta a nós quando somos contra as pessoas? E como é com toda a natureza que judiamos e maltratamos? Aqui estamos contra Deus e contra nós mesmos.

Ou: Quantas vezes negamos ajuda ao próximo porque não vivemos no presente, porque remoemos constantemente o nosso passado e, assim, apenas o reforçamos? Porque com todas essas entradas com as quais lidamos e que são o nosso passado, reagimos no presente. Em algum momento, cada um de nós tem que aprender a viver no hoje, não no que era ontem. O ontem, o passado, aos poucos vem entrando em nosso presente para que possamos reconhecê-lo e, com a ajuda do Cristo de Deus, purificá-lo e deixar de fazê-lo. Só quando resolvemos o passado é que o pecado passou, ele fica na memória. Mas desta memória podemos haurir novamente para dar o divino. Quando tivermos tratado do nosso passado, não perderemos a memória, muito pelo contrário, viveremos com mais consciência.

Portanto, vamos pensar também nos animais. Vamos pensar na Mãe Terra. Como nos comportamos com o nosso próximo animal, com os animais, com toda a natureza? E, no final, como nos comportamos com Deus e com o nosso próximo?

Reencarnação e renascimento no Espírito

De uma hora de ensino de Gabriele
No dia 15 de janeiro de 1988

A pergunta é feita repetidas vezes: De onde viemos, para onde vamos?

Viemos da origem, de Deus – voltaremos à origem em Deus. Mas o que existe de permeio? Encarnações – ou apenas uma encarnação? Nós mesmos o determinamos através do nosso pensar, falar e atuar. Diz-se: assim como a árvore cai, ela aí permanece. Quando vamos ao além hoje, somos os mesmos que éramos em traje terrena. Levamos luz e sombra conosco para os âmbitos do além.

Para muitos de nós, a morte ainda é algo assustador, porque só olhamos para a matéria e não podemos penetrar o espaço e o tempo. Muitos acreditam que quando o corpo morre, então tudo acabou. Jesus de Nazaré disse: "O que o homem semear, ele colherá" – semeadura e colheita! O que semeamos, quando semeamos, para onde semeamos, onde está o campo, onde o fruto brotará? Quando brotará? Nesta vida ou nos âmbitos de purificação? Ou voltamos com a semente, e ela só brota mais tarde nesta vida ou em outra vida? Devemos pensar sobre isso.

Para nós humanos, a morte é algo desagradável. O corpo que outrora estava cheio de vida de repente fica imóvel – a vida escapou. O Reino de Deus vê isso de forma diferente. Os seres espirituais veem a nossa vestimenta terrena como um manto – para alguns o manto é muito apertado, demora mais para "desabotoar" e sair, para outros é mais fácil tirá-lo. O Reino de Deus vê isto de forma parecida.

Portanto, isso significa: A alma se apega ao corpo, e é por isso que o manto, o corpo, muitas vezes é muito apertado. Fica presa ao corpo, apegada com todas as fibras na matéria, e quando chega a hora, só pode sair desse corpo com grande dificuldade. Por quê? Porque ela ainda pode estar carregando muitos fardos.

Vamos pensar em um balão de ar quente: se houver muita carga no cesto, então ele é puxado para baixo. Se a carga é retirada, ele sobe. É semelhante com a nossa alma. Portanto, o que semeamos hoje e não purificamos a tempo brotará amanhã. A semente vai para o campo da alma, a alma fica pesada, ancorada na terra, e se apega ao seu corpo porque o vê como a sua vida.

A uma pergunta de um participante, por que temos medo da morte, Gabriele respondeu:

O medo existe porque pensamos: "O que nos espera no além?" E o que pode nos esperar no além? Apenas o que somos aqui. Aguarda-nos lá não mais nem menos do que aquilo que somos aqui – e nós somos o nosso pensamento, a nossa palavra e o nosso ato. Somos fala, ação, pensamento, sentimento, paixão ou felicidade interior, amor altruísta, paz com o próximo, harmonia e felicidade. Todos os dias podemos ter uma ideia de como vamos chegar no além. Se agora fecharmos os nossos olhos e não os abrirmos mais para a matéria, para esta encarnação, então nós, como almas, sentiremos e pensaremos exatamente como fizemos no corpo. Quanto mais perto estamos da Terra, mais perto da matéria está a alma. A alma então não pode se livrar da matéria e talvez nem sabe que ela deixou o corpo. Ela permanece entre as pessoas e se comporta assim como era a pessoa em traje terreno.

Isso deve nos fazer refletir, pois com que rapidez semeamos? Quando é a colheita? Podemos semear hoje sementes negativas e passamos bem durante toda a vida – a semente fica no campo da alma. Mas, repetidas vezes, o espírito de Deus nos lembra que sempre de novo temos a oportunidade de reparar muito nesta vida. Mesmo o que causamos em vidas anteriores e o que ainda não surtiu efeito podemos reparar nesta vida. Somos levados a situações das quais dizemos: "O que acontece aqui não é da minha conta, não tenho nenhuma relação com isso". Então por que fomos levados para lá? Por que vivenciamos uma situação que parece não nos concernir? Nesta vida, nunca tivemos nada a ver com essa pessoa, e agora vivenciamos uma situação, uma briga, contenda ou outras coisas muito de perto.

Se nos distanciarmos e dissermos: "Não me interessa, não é da minha conta", então perdemos uma oportunidade. Fomos levados até lá para receber impulsos da situação, para que pudéssemos pensar em nós mesmos. Porque os pensamentos que surgem, por exemplo, enquanto duas pessoas estão discutindo, nos dizem o que temos que purificar em nós mesmos, o que está dentro de nós. Se estivermos vigilantes e purificarmos o que quer que venha à mente com base na situação, é possível que a culpa da alma de uma vida passada não tenha que ser suportada por nós ou pode ser mitigada.

Assim, temos a oportunidade a cada momento de reorganizar as nossas vidas, de nos reorientar, de refletir sobre o que pensamos nesta ou naquela situação, o que podemos, portanto, purificar com base em nossos pensamentos.

O amor e a graça de Deus nos dão a oportunidade a cada momento de encontrar o nosso caminho para sair da lei da semente e colheita, também chamada da lei da causa. Não somos obrigados a voltar sempre de novo para suportar novas encarnações. Esta encarnação nos dá a oportunidade de não mais voltar, de não mais sermos atraídos para as vestes terrenas. Se usarmos essas possibilidades, essas chances, todos os dias, gradualmente começamos a sentir o que significa alcançar o renascimento no Espírito.

Já podemos alcançar e sentir o renascimento no espírito de Deus em nossa traje terrena. Se meus pensamentos – não importa a situação que vivencio – são positivos, se vejo o positivo repetidamente e só abordo o negativo para que o próximo encontre reconhecimento, se vivo em paz com os meus semelhantes, se aprendi a amá-los, não importa o que digam, o que façam, quando não mais me justifico e não menosprezo o meu próximo, então sinto em mim o lampejo do espírito de Deus e sou colocado no poder e força da graça infinita e do amor. Só então somos felizes a partir do interior porque estamos unidos às forças cósmicas.

Então não teremos mais medo da chamada morte – olhamos para nós mesmos, ou seja, cada um olha para si mesmo, quem ele é. Se me vejo na luz da verdade, então sou feliz e estou em Deus e a morte não tem algemas nem barreiras. Mas se estou no ser humano, somente "como ser humano", isto é, penso, sinto de forma demasiado humana, negativamente, desdenho os outros para me exaltar, defendo-me, faço acusações, sou odioso, ciumento, briguento, etc., então me vejo assim também – e tenho medo da morte porque há algo dentro de mim que diz: "deixe aquilo que você ainda é!" E muitas vezes não damos ouvidos a isto.

Em resposta à pergunta subsequente sobre porque a reencarnação realmente acontece repetidas vezes e se ela também pode ser vista como um dom de graça para a alma, uma vez que pode descarregar seu fardo mais rapidamente através do corpo, Gabriele respondeu:

Sim, está certo. Estamos suportando uma doença aqui, por exemplo, e assim aliviando um fardo. No entanto, devido à doença, não sabemos o que causamos. A causa derrama através de uma doença; nós a suportamos, e quando a aceitamos e nos voltamos para Cristo com ela, ela é apagada da alma.

Se aceitarmos um golpe do destino e nos arrependermos e repararmos aquilo que reconhecemos, algumas coisas das vidas anteriores são apagadas na alma. Portanto, vemos como é bom que o passado esteja encoberto. Se fosse revelado em vestes terrenas, então o caos nesta Terra seria ainda maior.

Nos âmbitos das almas não pagaremos nossa culpa – também a chamamos de pecado – por meio da doença. Não há doença ali; lá surgem as imagens, lá vemos exatamente o que causamos e isso traz angústia para a alma. Vemos também o que o nosso próximo nos fez e que lhe devolvemos de forma semelhante, causando-lhe algo semelhante.

Se a alma não pode encarnar, há apenas expiação, o reconhecimento, a experiência através das imagens, do arrependimento e do pedido de perdão. Lá você não pode mais reparar o erro, você só pode pedir perdão. A alma tem a ajuda dos seres guardiões, tem a ajuda da oração e também os impulsos do divino porque o divino também está em cada alma.

A alma tem uma sensibilidade muito mais refinada porque descartou o corpo pesado e material. Quando a alma está encarnada, ela sente mais por meio do seu organismo; no reino das almas, seus sentimentos são mais as queixas, o sofrimento do próximo que ela causou em vestes terrenas – é mais o ver e sentir a dor do outro.

A Redenção em nós

De uma hora de ensino de Gabriele
No dia 02 de novembro 2007

Em última análise, não estamos todos nós buscando a Deus? Muitos irão dizer: "Eu me pergunto se Deus existe". E ainda outros dizem: "Eu não acredito em Deus". …

Sinceramente, caros semelhantes, todos nós, de fato, buscamos a paz, todos nós buscamos, de fato, a felicidade, buscamos todos a harmonia. Todos nós queremos ser amados. E, portanto, muitos dizem: "Bem, nesta Terra, neste mundo, eu não encontrei nada disso. Eu acreditava de vez em quando mas sempre foi uma nova decepção". Todavia, Um nunca nos ilude – em verdade é Deus, o nosso eterno Pai celestial. O Seu espírito está em nós. Deus, o nosso Pai eterno, enviou a nós o Seu Filho, Jesus, o Cristo. Ele nos trouxe a Redenção. E então muitos irão perguntar: "Bem, o que significa a Redenção? Somos nós, de alguma forma, redimidos? De que

Ele nos redimiu?" E muito cristãos das igrejas dirão: "Claro, dos nossos pecados!"

Bem, se Cristo tomou de nós todos os nossos pecados, e isto a cada momento, então teríamos um mundo perfeito. Todavia, cada um de nós sabe que não temos um mundo perfeito. Por quê? Se cada um se observasse a si mesmo: É ele mesmo perfeito? É ele mesmo contente? É feliz no seu coração? É alegre? É pacífico?

Poucos podem afirmar isto – por quê? Por que nos chamamos como cristãos e, no entanto, ano após ano frequentemente dizemos: "Jesus vive, com Ele, eu também – Morte, onde está o seu pavor?"

Palavras, palavras, caros semelhantes, porém Jesus disse: *"Segui-Me!"* E no Seu seguimento diz: "Faça o que Eu, ou seja, Jesus, o Cristo, lhe mandei fazer!" – Se fazemos isto, se guardamos diariamente mais os Seus mandamentos, então a luz redentora em nós tornar-se-á sempre maior, será uma chama poderosa, e nós sentimos que esta grande, poderosa chama em nós é o amor do Pai eterno através do Filho, através da força redentora. E notamos com o tempo: Damo-nos bem com o nosso próximo. De repente sentimos – quando estamos contra o nosso próximo – que podemos pedir-lhe perdão, mas que também podemos perdoar os nossos semelhantes quando estão contra nós.

Este é o começo do grande amor do filho pelo Pai. E isto é realmente a ressurreição do Cristo de Deus em nós. E também é a nossa ressurreição em Cristo. Se somente dizemos, "Jesus vive, com Ele, eu também – Morte, onde está o seu pavor?" – assim como é num hino das igrejas – então temos que admitir que a palavra "morte" é um pavor para nós. E por que nos espavorece? Porque os nossos pensamentos não estão em Deus, porque os nossos pensamentos são pecaminosos. Todavia, se deixarmos Cristo ressuscitar nos nossos pensamentos, nos nossos sentimentos e palavras, nas nossas ações, ou seja, atos, então sentimos o que Jesus nas Suas palavras de despedida disse e sempre de novo deu a compreender aos Seus apóstolos: *Amai-vos uns aos outros, assim como Eu vos amei* – assim também nos ama Cristo, o nosso Redentor, assim como Ele nos prometeu como Jesus de Nazaré.

Caros irmãos, caras irmãs, o amor a Deus, o nosso Pai, e o amor ao nosso próximo, o amor pela natureza, é a ressurreição em Cristo. E desta maneira, a luz redentora, ou seja, Cristo, pode ressuscitar em nós e somos unidos com Ele. Essa é então a Boa Nova. Essa é então a alegria que levamos para fora na consciência: "De fato, Cristo vive em mim, Cristo ressuscitou no meu templo. E Cristo vive através dos meus pensamentos, das minhas palavras e obras. Eu estou em Cristo, e Cristo está em mim".

Essa é a Boa Nova do amor, essa é a alegria que cristãos deveriam levar para o mundo afora, aquilo que nós mesmos vivenciamos diariamente: Cristo nas nossas palavras, Cristo nos nossos pensamentos, Cristo, o grande amor e misericórdia em nós e através de nós. *"Amai-vos, uns aos outros"*, assim falou o Senhor, *"assim como Eu vos amei"*.

Se fizermos isso, que nos tornamos realmente em irmãos e irmãs, irmãos e irmãs no Seu espírito, que mutuamente se amam no Seu espírito, então Cristo ressuscitou em nós e nós em Cristo, pois então guardamos os Seus mandamentos.

O amor a Deus é o mesmo que o amor ao próximo. E somente o amor a Deus e ao próximo que nos deixa superar o ego. O amor a Deus e ao próximo é suave e bondoso. Nos ajuda a vencer o nosso ego. Nos ajuda a reconhecer e encontrar o Eu Sou, ou seja, o amor a Deus e ao próximo – quando fazemos o esforço de comparar o nosso pensamento, todo o nosso comportamento com os Dez Mandamentos de Deus e o Sermão da Montanha de Jesus de Nazaré. Então sabemos onde o ego floresce e o que temos de fazer para que o Eu Sou possa florescer.

Quão frequentemente disse Jesus aos Seus apóstolos e discípulos: "*Meu Pai e Eu somos um*". Deixemos brevemente as palavras do Senhor ter o seu efeito no nosso interior: "*Meu Pai e Eu somos um*".

Destas palavras de Jesus de Nazaré ressoa um amor inefável, uma confiança inefável para com Deus, o Seu e o nosso Pai. E este grande amor foi também a devoção para nós seres humanos para que a Redenção pudesse ser cumprida. "*Meu Pai e Eu somos um*" – não é isto algo maravilhoso de poder dizê-lo de coração? Certamente temos novamente desculpas: “Bem, eu sou um pecador, e enquanto tiver os meus pecados, não sou um com o meu Pai”.

Dêmos a volta a tudo isso e digamos de forma positiva: “No profundo da nossa alma está o puro eterno que é o nosso verdadeiro *Eu Sou*, que é o que somos em Deus: seres puros. Este ser puro em mim é um com o meu Pai.”

E agora, sintamos ainda mais profundamente no nosso interior, deixemos de lado a pessoa, deixemos de lado os pecados, e em vez disso o dizemos de forma positiva, pois o mais profundo em nós é puro: “Meu Pai e eu somos um.” Se nutrimos e cultivamos estes sentimentos frequentemente, que basicamente somos seres puros no mais interior da nossa alma, que somos um com o grande amor, que somos um com Deus, o nosso Pai, então iremos muito mais rapidamente nos arrepender dos nossos pecados reconhecidos com a grande ajuda e amor do Redentor, iremos purificá-los e não mais voltar a cometê-los: Assim, guardamos os mandamentos como Jesus mandou. Ele disse: *“Guardai os Meus mandamentos!”*

Nós seres humanos temos o hábito de sempre olhar para o negativo e sempre nos prejudicar com palavras ou pensamentos como: "Pois é, somos todos pecadores!" Se nós sempre dizemos isso, então afirmamos que somos pecadores e dizemos a nós mesmos: "Bem, só podemos pecar". – Não, temos de nos tornar conscientes no nosso mais interior que todos nós somos filhos e filhas do grande amor de Deus, e que no nosso mais profundo interior estamos unidos com Deus. E esta união com Deus deve permear a nossa vida para que usemos os dias e dizemos a nós: "Bem, aqui está saindo um pecado, uma carga, os meus pensamentos não são pensamentos da ressurreição. Eu me arrependo, Senhor, destes pensamentos e os purifico com Você".

Se temos tido pensamentos negativos contra o nosso próximo ou atuado de forma errada, então dizemos: "Cristo, ajude-me, a minha maneira de se comportar, os meus pensamentos, devem agora ressuscitar em Você." Purificamos isto com o nosso próximo e assim fazemos amizade com o nosso irmão, com a nossa irmã – ou seja, vivemos a irmandade.

Assim, aproximamo-nos desta consciência, desta elevada consciência, que Jesus, o Cristo sempre expressou: *"Meu Pai e Eu somos um"*. Esta é a ressurreição, esta é a Boa Nova: Jesus vive. Cristo em mim e eu com Ele.

Leia também ...

Os Dez Mandamentos de DEUS & O Sermão da Montanha de Jesus de Nazaré

Os Dez Mandamentos de Deus e o Sermão da Montanha de Jesus de Nazaré basicamente não têm nada a ver com religião. São extratos da lei eterna do amor a Deus e ao próximo – dados para cada pessoa irrespectivo de cultura ou nacionalidade. Descubra para a sua vida a oferta de Deus, o Espírito Livre, e para todos nós: os Dez Mandamentos de Deus e os ensinamentos do Sermão da Montanha, e aprenda como estas instruções simples para a vida podem transformar a nossa vida ao positivo. Eles nos dão o caminho para a liberdade e paz entre nós seres humanos, como também para com toda a criação, com a natureza e os animais.

Leia as explicações sobre os Dez Mandamentos de Deus, explicados com as palavras de hoje, e aprofunde-se nas exlicações reveladas pelo próprio Cristo para com os ensinamentos do Sermão da Montanha –dados por Gabriele, a profetisa e emissária de Deus em nosso tempo.

216 pág., Capa comum, No. S182TBPT, ISBN: 978-3-96446-428-6

Esta é a Minha Palavra A e Ω

O Evangelho de Jesus

A revelação de Cristo
que verdadeiros cristãos em todo
o mundo, entretanto, conhecem

Jesus de Nazaré não fundou uma religião. Ele não instalou padres ou pastores e tampouco ensinou dogmas, ritos ou cultos. 2000 anos atrás, Ele trouxe a verdade do Reino de Deus: Os ensinamentos do amor a Deus e ao próximo para com as pessoas, a natureza e os animais, o ensino da liberdade, da paz e da unidade. Ele falou do Deus de amor, do Espírito Livre – Deus em nós.

Na poderosa obra de revelação, "Esta é a Minha Palavra" – Alpha e Ômega", Cristo fala a partir do Reino de Deus por meio de Gabriele, a profetisa e emissária de Deus, sobre o passado, o presente e o futuro.

Na Sua obra, que é uma obra histórica, Ele se dirige a todas as pessoas para explicar o que Ele, em Jesus de Nazaré, ensinou, como a Sua vida tomou seu curso, e Ele mostra as correlações na grande obra de Redenção que tem a sua origem no Reino de Deus.

Um áudio CD está incluído no livro
com a eterna palavra do Reino de Deus
"A Chamada do Cristo de Deus" e "O Aparecimento"
dados através de Gabriele, a profetisa de Deus no nosso tempo

1096 pág., Capa dura, No. S 007PT, ISBN: 978-3-96446-012-7

Desde Abraão Até Gabriele

A palavra dos profetas cumpre-se

Num grande arco, o autor ilumina a palavra eterna de Deus através de Seus profetas: desde Abraão de há 4000 anos até Gabriele hoje. A palavra do Reino de Deus que atravessa todos os milênios ininterruptamente nos dá a reconhecer o grandioso plano de Deus: o retorno de todos os seres caídos para a morada eterna do Pai.

80 pág., Capa comum, No. S 465PT, ISBN: 978-1-890841-64-5

Com prazer enviamos o nosso catálogo gratuito
com livretos de extratos gratuitos sobre diversos temas:

Gabriele Publishing House—The Word

EUA: P.O. Box 2221, Deering, NH 03244
Toll-Free No.: 1-844-576-0937
www.Gabriele-Publishing-House.com

Alemanha: Max-Braun-Str. 02, 97828 Marktheidenfeld
Pedidos Internacionais: +49 (0) 9391-504-843
www.Gabriele-Publishing.com

www.ingramcontent.com/pod-product-compliance
Lightning Source LLC
LaVergne TN
LVHW021940220826
846092LV00010B/1187

* 9 7 8 3 9 6 4 4 6 4 2 8 6 *